KLEINE REIHE
GESCHICHTE
DIDAKTIK UND METHODIK

Marco Dräger

Denkmäler im Geschichtsunterricht

WOCHEN
SCHAU
VERLAG

Bibliografische Information der Deutschen Nationalbibliothek

Die Deutsche Nationalbibliothek verzeichnet diese Publikation in der Deutschen Nationalbibliografie; detaillierte bibliografische Daten sind im Internet über http://dnb.d-nb.de abrufbar.

Die Kleine Reihe Geschichte wird herausgegeben von Bernward Debus, Bettina Degner, Saskia Handro und Christoph Kühberger

www.wochenschau-verlag.de

Titelgestaltung: Ohl Design
Umschlagbild: Entwurf Banksys für ein Denkmal des Sturzes des Edward-Colston-Denkmals in Bristol
Gesamtherstellung: Wochenschau Verlag
ISBN 978-3-7344-1221-9 (Buch)
E-Book ISBN 978-3-7344-1222-6 (PDF)
DOI https://doi.org/10.46499/1620

Inhalt

1. Einleitung: Denkmäler aus geschichtsdidaktischer Perspektive

Eigenschaften und Eigenheiten von Denkmälern

„Denkmale haben außer der Eigenschaft, daß man nicht weiß, ob man Denkmale oder Denkmäler sagen soll, noch allerhand Eigenheiten. Die wichtigste davon ist ein wenig widerspruchsvoll; das Auffallendste an Denkmälern ist nämlich, daß man sie nicht bemerkt. Es gibt nichts auf der Welt, was so unsichtbar wäre wie Denkmäler. Sie werden doch zweifellos aufgestellt, um gesehen zu werden, ja geradezu, um die Aufmerksamkeit zu erregen; aber gleichzeitig sind sie durch irgend etwas gegen Aufmerksamkeit imprägniert [...]. Der Beruf der meisten gewöhnlichen Denkmale ist es wohl, ein Gedenken erst zu erzeugen, oder die Aufmerksamkeit zu fesseln und den Gefühlen eine fromme Richtung zu geben, weil man annimmt, daß es dessen einigermaßen bedarf; und diesen ihren Hauptberuf verfehlen Denkmäler immer. Sie verscheuchen geradezu das, was sie anziehen sollten. Man kann nicht sagen, wir bemerkten sie nicht; man müßte sagen, sie entmerken uns, sie entziehen sich unseren Sinnen: es ist eine durchaus positive, zur Tätlichkeit neigende Eigenschaft von ihnen! [...] Was aber trotzdem immer unverständlicher wird, je länger man nachdenkt, ist die Frage, weshalb denn, wenn die Dinge so liegen, gerade großen Männern Denkmale gesetzt werden?“ (Musil 1978, 506–509)

Knotenpunkte von Geschichtsbewusstsein und Erinnerungskultur

Angesichts dieser pessimistischen Einschätzung des österreichischen Schriftstellers Robert Musil (1880–1942) stellt sich die Frage, weshalb der vorliegende Band sich dennoch mit Denkmälern in geschichtsdidaktischer Perspektive auseinandersetzt. Trotz ihrer vermeintlichen Unsichtbarkeit und Wirkungslosigkeit sind Denkmäler nämlich „gewissermaßen Knotenpunkte von öffentlichem Geschichtsbewusstsein und Erinnerungskultur“ (Sauer 2012, 6). Als geschichtskulturelle

Manifestationen verknüpfen sie die drei Zeitebenen Vergangenheit, Gegenwart und Zukunft miteinander: Errichtet zur Erinnerung an die Vergangenheit bieten sie in der Gegenwart eine Deutung dieser an und enthalten zugleich einen Appell für die Zukunft. Denkmäler stellen nämlich einen Konsens darüber dar, welche Bestandteile der Vergangenheit für eine Gruppe von Menschen bewahrenswert erschienen und was ihrer Ansicht nach nicht vergessen werden sollte, sodass es Eingang ins kollektive Gedächtnis fand.

Schon bei ihrer Entstehung waren viele Denkmäler nicht unumstritten. Im Laufe der Zeit verstärkten sich solche Diskussionen über die Denkmalwürdigkeit dargestellter Personen oder erinnerter Ereignisse oftmals noch. Die Rezeptionsgeschichte eines Denkmals ermöglicht daher Rückschlüsse auf und Einblicke in den jeweiligen sozialen und historischen Kontext sowie die dominierenden Geschichtsbilder und Wertvorstellungen.

Potential von Denkmälern für den Geschichtsunterricht

Da sich der Geschichtsunterricht intensiv mit der Deutung von Vergangenheit befasst, sind Denkmäler für ihn ein überaus geeignetes Medium. Sie bieten nämlich Interpretationen und Instrumentalisierungen der Vergangenheit aus und zu verschiedenen Zeiten an; sie weisen demzufolge erhebliches Lernpotential auf. Ebenso wird die Motivation der Lernenden für das Fach durch die Auseinandersetzungen mit derartigen, großformatigen Sachquellen erhöht. Sie wird durch den Lebensweltbezug ebenfalls gesteigert, indem diese „steinernen Zeugen" der (Lokal-)Geschichte im Geschichtsunterricht berücksichtigt werden und auf diese Weise das historische Interesse am eigenen Lebensraum gefördert wird. Schließlich sind Denkmäler ein Bestandteil der alltäglichen Geschichtskultur, die die Lernenden umgibt und in der sie sich orientieren müssen. Um ein wesentliches Lernziel des Geschichtsunterrichts zu erreichen, nämlich sich kompetent und reflektiert mit Geschichtskultur auseinandersetzen zu können und souverän mit ihr umzugehen, eignen sich Denkmäler somit ganz besonders, da sie – in demokratischen Staaten – als Ergebnis eines gesellschaftlichen Aushandlungsprozesses zustande gekommen sind, es bisweilen um existierende Denkmäler Debatten über deren Existenzberechtigung gibt und immer wieder Diskussionen über neu zu schaffende Denkmäler wie z.B. das Denkmal für Einheit und Freiheit geführt werden (Apelt 2009; Mittig 2009; Weis/De Mattia 2020).

Denkmalsdebatten

Nicht nur in Deutschland wurden und werden solche Debatten immer wieder geführt, sondern auch international. Momentan ist jedenfalls kein Desinteresse an Denkmälern zu spüren, sondern vielmehr ein übersteigertes Interesse. Im Zuge der *Black Lives Matter*-Bewegung nach dem gewaltsamen Tod des schwarzen US-Amerikaners George Floyd gerieten in einigen westeuropäischen Ländern sowie den USA Denkmäler in die Kritik, die von einem Teil der jeweiligen Bevölkerung als rassistisch bzw. kolonialistisch empfunden werden und ihm daher als unpassend und unzeitgemäß erscheinen. Einige Monumente wurden geschleift oder gestürzt, andere unter Polizeischutz gestellt. Von Wirkungslosigkeit von Denkmälern bzw. Desinteresse an ihnen kann daher gegenwärtig keine Rede sein.

Quantität von Denkmälern

Ihrer angeblichen Unsichtbarkeit zum Trotz gibt es Denkmäler in großer Zahl. Das Statistische Bundesamt berichtete im Juni 2018 in seiner „Bundesweiten Kulturstatistik“, dass es in Deutschland rund eine Million Denkmäler gibt. Mindestens 36.000 Personen seien mit denkmalpflegerischen Aufgaben betraut und sorgten dafür, dass die Vielzahl an Denkmälern erhalten und für nachkommende Generationen erlebbar bleibe (https://www.destatis.de/DE/Presse/Pressemitteilungen/2018/06/PD18_208_216.html (Zugriff: 16.10.2020). In diesem Sinne widmet sich der vorliegende Band geschichtsdidaktisch dem Erlebnis und der Analyse dieser bis dato unterschätzten und wenig beachteten Gattung Denkmal.

2. Theoretische Grundlagen

Das folgende Kapitel bietet einen Überblick über die theoretischen Grundlagen zum Thema Denkmal aus den Bereichen Geschichtswissenschaft, Geschichtsdidaktik, Kunstgeschichte und Kulturwissenschaft.

2.1 Definition und Funktion

Definition

Der Begriff Denkmal bezeichnet im weiteren Sinne „jedes Zeugnis der kulturellen Entwicklung, dem eine besondere künstlerische, historische oder wissenschaftliche Bedeutung beigemessen und das dieser Bedeutung wegen des Gedenkens und der Erhaltung für würdig erachtet wird" (Springer 1994, 527). Denkmäler können demzufolge Bauwerke, Kunstwerke, technische Objekte oder historische Stätten sein. Sie alle fallen in den Bereich des Denkmalschutzes bzw. der Denkmalpflege. Im engeren Sinne wird mit dem Begriff Denkmal jedes „in der Öffentlichkeit errichtete, meist für die Dauer bestimmte Werk, das bereits seine Entstehung, zumindest aber seine Erhaltung dem Zwecke des Erinnerns an Personen, Handlungen oder ‚merk-würdige' Ereignisse verdankt" (Springer 1994, 527 f.), bezeichnet. Ein Denkmal ist also ein „in der Öffentlichkeit errichtetes und für die Dauer bestimmtes selbständiges Kunstwerk, das an Personen oder Ereignisse erinnern und aus dieser Erinnerung einen Anspruch seiner Urheber, eine Lehre oder einen Appell an die Gesellschaft ableiten und historisch begründen soll" (Mittig 1987a, 460). Von beiden Arten von Denkmälern wird in diesem Band die Rede sein, der Fokus liegt aber auf dem engeren Denkmalsbegriff.

Enger und weiter Denkmalsbegriff

Intendierte Denkmäler sind z.B. das Hermannsdenkmal im Teutoburger-Wald, Kaiser-Wilhelm-Denkmäler, Bismarck-Denkmäler, Kriegerdenkmäler, Vertriebenendenkmäler etc. Die Liste dieser Beispiele lässt sich beliebig verlängern. Dem weiteren Denkmalsbegriff werden solche Objekte zugeordnet, die erst im Laufe der Zeit zu Denkmälern

erklärt wurden und ursprünglich einem anderen Zweck als dem Gedenken dienten wie z.B. Wohnhäuser, Gartenanlagen oder Industriekomplexe. Am Rande wird daher auch der Denkmalschutz thematisiert, da er ein Schlaglicht auf den wechselhaften Umgang von Politik und Gesellschaft mit der Vergangenheit sowie ihren materiellen Hinterlassenschaften wirft und auf diese Weise einen wichtigen mentalitätsgeschichtlichen Aspekt beleuchtet.

Als Pluralbildungen sind sowohl Denkmäler als auch Denkmale möglich. Während der Duden letzteres lediglich als gehoben charakterisiert, hat sich laut Maria Würfel die Unterscheidung zwischen intendierten (-mäler) und nicht intendierten (-male) Denkmälern in den unterschiedlichen Suffixen niedergeschlagen (vgl. Würfel 2009, 5). Diese Pluralbildung korrespondiert gewissermaßen mit der geschichtswissenschaftlichen Klassifizierung in Tradition und Überrest.

Synonyme

Der Duden bietet neben Monument auch Ehrenmal, Mahnmal und Erinnerungsmal als Synonyme an; geschichtsdidaktisch erscheint jedoch eine genauere Differenzierung sinnvoll: Denkmal selbst ist lediglich ein neutraler Oberbegriff, ohne dass eine wertende Charakterisierung des Erinnerns bzw. Gedenkens vorgegeben ist. Ein Mahnmal hingegen ist eine Spezialform des Denkmals, das mahnend an ein historisches Ereignis erinnert und Betroffenheit auslösen soll. Mahnmale können künstlerisch gestaltet sein, es kann sich bei ihnen aber auch um Objekte mit ursprünglich anderer Funktion handeln, die aber nach dem Ereignis, an das sie erinnern sollen, zu Mahnmalen umgewidmet wurden (wie z.B. Kriegstrümmer). Ehrenmal dagegen bezeichnete früher Kriegerdenkmäler, der Begriff ist unauflösbar mit dem Soldatentod auf dem „Feld der Ehre" verknüpft und heute kaum noch gebräuchlich, wenn man vom Ehrenmal der Bundeswehr einmal absieht. Erinnerungsmal und Monument (lat. *monere* – erinnern, *monumentum* – Denkmal) können am ehesten als Synonyme fungieren, wenngleich beim Begriff Monument noch die Konnotation eines großen Ausmaßes mitschwingt.

Gestalterische Bandbreite

Die inhaltlich klar umrissene Definition ermöglicht eine enorme Bandbreite an gestalterischer Formgebung. Neben

der traditionellen, figürlichen und rundplastischen Darstellung, wie man sie von Statuen oder Reiterstandbildern kennt, gehören zur Kategorie Denkmal auch weitere „Medien" wie z.B. Gebäude, Gedenkstätten, Gedenktafeln, Gedenksteine, Grabstätten, Benennungen von Straßen und Plätzen sowie Stolpersteine oder die großen Nationaldenkmäler des 19. Jahrhunderts. Denkmale im weiteren Sinne sind jedoch genauer unterteilt: Zur Kategorie der Baudenkmale gehören historische Bauwerke aller Art – von Bauernhäusern über historische Rathäuser und Kirchen bis hin zum Schloss. Auch Gebäudeensembles oder historische Stadtkerne können als Denkmal gelten. Zu technischen Denkmälern zählen Zeugnisse der Industrialisierung. Zu Bodendenkmalen gehören die dort verborgenen Reste von Siedlungsplätzen, Verkehrswegen und Befestigungsanlagen ebenso wie bei archäologischen Ausgrabungen entdeckte Spuren menschlichen Lebens wie z.B. Scherben von Gefäßen. Zu den Gartendenkmälern gehören von Menschen geschaffene, architektonisch und künstlerisch gestaltete Gärten und Parkanlagen. Auch Kulturlandschaften können Denkmale sein, sofern die Landschaft durch den Menschen geprägt und gestaltet und für seine wirtschaftlichen Zwecke genutzt wurde.

Neben ihrem „monumentalistischen" Charakter weisen sie zudem eine sinnlich-ästhetische Qualität auf und ermöglichen auf dieser Ebene ebenfalls einen Zugang zur Geschichte. Sie dienen somit auch der „Visualisierung abstrakter Wertideen" und befriedigen das gesellschaftliche „Bildbedürfnis" (Hardtwig 1997, 751).

Funktionen

Ein Denkmal erfüllt zugleich memoriale und appellative Funktionen, wobei der Appell unterschiedlich ausfallen kann, z.B. affirmativ, legitimierend, tradierend, apologetisch, moralisierend oder kritisch. Die im Denkmal repräsentierte Geschichte dient somit als Argument in der politischen Auseinandersetzung, es wird zur politischen Meinungsbildung genutzt

2.2 Chronologie und Typen von Denkmälern

Kriterien zur Klassifizierung

Die Geschichte von Denkmälern darzustellen stellt Auto vor die schwierige Frage nach dem Ordnungsprinzip; d

Denkmäler lassen sich nach unterschiedlichen Kriterien klassifizieren und strukturieren. Ein Zugriff nach Reichweite (lokal, regional, national, international, ...) ist ebenso denkbar und sinnvoll wie eine Vorgehensweise nach unterschiedlichen Typen. Im Folgenden wird ein Ansatz gewählt, der Chronologie und Typologie miteinander verbindet – beides ist ohnehin kaum voneinander trennbar. Im „chronologischen Durchgang" wird demzufolge auf Typen von Denkmälern hingewiesen, die im Laufe der Zeit neu hinzukommen oder sich verändern.

Abb. 1: Das Goethe-Schiller-Denkmal von 1857 vor dem Deutschen Nationaltheater in Weimar illustriert exemplarisch den Aufstieg von Geistesheroen zu denkmalswürdigen Gestalten (Foto: unbekannt, CC BY-SA 3.0)

Herrscherdenkmäler

Seit der Antike werden Denkmäler errichtet. Bis ins 18. Jahrhundert blieben sie zumeist Herrschern oder bedeutenden Feldherrn vorbehalten, an deren politische und militärische Leistungen sie erinnern sollten. Seit dem 19. Jahrhundert vergrößerte sich der Kreis „denkmalswürdiger Gestalten":

Personendenkmäler

Zum einen wollte das bürgerliche Zeitalter kulturelle Geistesheroen (Dichter, Denker, Erfinder, Wissenschaftler, ...) und erfolgreiche Unternehmer repräsentiert sehen, zum anderen sorgte der aufkommende Nationalismus für zahlreiche Kriege und Kriegstote, sodass neben dem Personendenkmal die neue Gattung Kriegerdenkmal entstand, die an das massenhafte Sterben einfacher Soldaten erinnerte. Der Übergang vom Söldner- zum Volksheer sorgte für diesen Wandel in der Denkmals- und Erinnerungskultur.

Kriegerdenkmäler

Kriegerdenkmäler gibt es seit der Französischen Revolution. In Deutschland existieren solche Denkmäler seit den Befreiungskriegen. Bis heute stellen sie mit weitem Abstand die quantitativ größte Gruppe von Denkmälern dar, sie gehen in die Zehntausende (vgl. Lurz 1985–1987). Mit der Denkmalserrichtung war auch die Aufgabe verbunden, eine Sinnstiftung des Kriegstodes vorzunehmen. Im Zuge der Säkularisierung verschwand die christliche Todesdeutung, stattdessen traten nationale Identitätsangebote und Sinnstiftungen in den Vordergrund, die den Überlebenden und Nachgeborenen die angebliche Vorbildhaftigkeit der Toten vor Augen stellten und sie aufforderten, diese nachzuahmen.

Der gewaltsame und frühzeitige Tod wurde nun nicht mehr durch den Hinweis auf einen außerweltlichen, jenseitigen Sinn transzendiert, sondern auf die Nation fokussiert. Einer solchen Sinnstiftung entspricht dann auch der seit den Befreiungskriegen vielfach genau in diesem Wortlaut oder nur geringfügig abgewandelt zitierte Gedenkspruch „Den Gefallenen zum Gedächtnis, den Lebenden zur Anerkennung, den zukünftigen Geschlechtern zur Nacheiferung“, den der preußische König Friedrich Wilhelm III. 1821 am neu errichteten Denkmal auf dem Berliner Kreuzberg anbringen ließ. Trauer und Verlustbewältigung waren meistens nebensächlich, stattdessen stand die Vermittlung einer bestimmten Geistes- und Wertehaltung im Vordergrund, die den sozialen Zusammenhalt stärkten und zur politischen Mobilisierung beitrugen, indem sie zur Wiederholung eines beispielhaften und vorbildlichen Verhaltens aus der Vergangenheit in Gegenwart und Zukunft aufriefen.

Abb. 2: Die Inschrift des Denkmals auf dem Berliner Kreuzberg zur Erinnerung an die in den Befreiungskriegen getöteten Soldaten wurde stilbildend für die Gattung der Kriegerdenkmäler (Foto: WiseWiman, CC BY-SA 3.0)

Nationaldenkmäler

Das „lange“ 19. Jahrhundert war das Zeitalter der Nationaldenkmäler. Sie gingen zum Teil der staatlichen Einigung voran wie z.B. die Walhalla in Donaustauf (1842) oder die Initiative zur Vollendung des Kölner Doms. Unmittelbar nach der Reichsgründung von 1871 entstanden zahlreiche Nationaldenkmäler, die das Nationalbewusstsein der neu entstandenen Nation beschwören, beeinflussen und befördern sollten: die Berliner Siegessäule (1873), das Hermannsdenkmal (1875), das Niederwalddenkmal (1883), das Kyffhäuser- bzw. Barbarossa-Denkmal (1896), zahlreiche Kaiser-Wilhelm-Denkmäler (1896 an der Porta Westfalica sowie 1897 in Koblenz am „Deutschen Eck“), das Leipziger Völkerschlacht-Denkmal (1913) sowie zahllose Bismarck-Denkmäler und -Türme.

Abb. 3: Das 1913 eingeweihte Völkerschlachtdenkmal in Leipzig zählt mit seinen monumentalen Ausmaßen und einer Höhe von 91 Metern bis heute zu den größten Denkmälern Europas (Foto: Fred Romero, CC BY 2.0)

Kolonialdenkmäler

Mit dem Imperialismus des Kaiserreiches sind ca. 100 Kolonialdenkmäler verbunden. Einige dieser Monumente wurden aber auch erst nach dem Ersten Weltkrieg und dem damit verbundenen Verlust der Kolonien errichtet. Sie erinnerten an die nun ehemaligen Kolonialgebiete und propagierten einen Rückerwerb. Im Zuge der Dekolonisation nach dem Zweiten Weltkrieg wurde ein kritischer Umgang mit diesen Denkmälern angemahnt; bisweilen wurde auch gefordert, die Monumente zu entfernen oder zu Antikolonialdenkmälern umzuwidmen. Diesen Forderungen ist man nicht immer nachgekommen, bis heute existieren zahlreiche Kolonialdenkmäler in ihrer ursprünglichen Form. Sie sind weiterhin Gegenstand öffentlicher Diskussionen.

Kriegerdenkmäler

In der ersten Hälfte des 20. Jahrhunderts war das Kriegerdenkmal der vorherrschende Denkmalstyp. Seine Charakteristika, nämlich heroische Verklärung von Krieg und Tod, die Darstellung des Soldatentodes als Notwendigkeit sowie seine Überhöhung als Pflichterfüllung und Opferbereitschaft für das Vaterland, waren seit Mitte des 19. Jahrhunderts konstant und blieben dies auch für die nächsten rund 100 Jahre.

Die Kriegerdenkmäler der Weimarer Republik lehnten sich inhaltlich an die Vorgänger aus früheren Kriegen an, sie bezeugten weiterhin das heldenhafte Opfer der Gefallenen. Neben dem Heroismus förderten sie auch den Revanchismus; die militärische Niederlage wurde in einen Sieg der tugendhaften Soldaten umgedeutet. Von wenigen Ausnahmen abgesehen riefen die Kriegerdenkmäler – trotz millionenfachen Sterbens im Ersten Weltkrieg – weiter zur Nachahmung auf (vgl. Endlich 2003, 15 f.; Koselleck 1979, 262).

Abb. 4: Das 1875 nahe der Stadt Detmold im Teutoburger Wald eingeweihte Denkmal zum Gedenken an die Varusschlacht gilt als eines der großen deutschen Nationaldenkmäler des 19. Jahrhunderts (vgl. Lux-Althoff 2001) (Foto: Thomas Wolf, CC BY-SA 3.0)

Erst nach dem Zweiten Weltkrieg setzte, zumindest teilweise, ein Wandel ein. Auch damals stellten sich die Überlebenden die Frage, wie der Kriegstoten gedacht werden sollte. Die alten Gestaltungsgrundsätze sowie die monumentale Formensprache erschienen ihnen obsolet und diskreditiert angesichts des Ausmaßes der erlittenen und ausgeübten Gewalt. Gleichwohl fiel ihnen die Suche nach Alternativen nicht leicht, sodass man sich oftmals schließlich darauf einigte, die bereits existierenden Kriegerdenkmäler des Ersten Weltkrieges einfach fortzuschreiben und die vorhandenen Inschriften um die Jahreszahlen „1939-1945" zu ergänzen. Man distanzierte sich also nicht von den Denkmälern und ihren Botschaften, sondern aktualisierte sie und stellte die Gefallenen des Zweiten Weltkrieges – absichtlich oder unabsichtlich – in die Kontinuität derjenigen des Ersten Weltkrieges (vgl. Schneider 1989, 59; Endlich 2003, 21–24).

In den seltenen Fällen, wo dennoch neue Kriegerdenkmäler ausschließlich für die Gefallenen des Zweiten Weltkrieges geschaffen wurden, bevorzugte man statt figürlichen Darstellungen abstrakte, architektonische Lösungen, die oftmals christliche Symbolik wie z.B. ein Kreuz, eine Pietà, einen Palmzweig oder ein Bibelzitat enthielten. Fragen nach Ursachen, Schuld oder Leid des Krieges wurden bei diesen Denkmälern ebenfalls ausgeblendet. Gleichwohl traten bei dieser Denkmalsgruppe die angesichts der hohen Opferzahlen nicht mehr vermittelbare Heroisierung der Gefallenen sowie die Aufforderung zur Nacheiferung zurück, auch wenn Kriegskritik unterblieb und der verfrühte Kriegstod weiterhin als eine zwar traurige, aber doch in gewisser Weise „natürliche" Art des Ablebens erschien. Zu keiner Zeit sind Kriegerdenkmäler also „Antikriegsdenkmäler" (Schneider 2011, 571) gewesen – ganz besonders dort nicht, wo nur bestehende Denkmäler ergänzt wurden. Überdies konterkarierten meist Ikonographie und militärische Rituale der Gedenkveranstaltungen die Mahnung zum Frieden sowie den Aspekt der Trauer. Der Zweite Weltkrieg führte also nur bedingt zu einem Wandel der Formensprache solcher Monumente.

Denkmäler für die Opfer des Nationalsozialismus

Ganz anders sah dies bei Denkmälern für die Opfer der nationalsozialistischen Gewaltherrschaft aus. Hier distanzierte man sich in der Bundesrepublik nahezu vollständig von figürlichen, vollplastischen Darstellungen und bevorzugte abstrakte Denkmalsformen als Einsicht in das vergebliche Bemühen, der sinnlosen Vernichtung und Zerstörung nachträglich eine Sinnstiftung zu verleihen. Sie entstanden unmittelbar nach Kriegsende zuerst an den Orten der Verfolgung auf Initiative der überlebenden Opfer, verloren aber schnell an Bedeutung sowie gesellschaftlicher Unterstützung und erlebten eine Renaissance erst in den 1980er Jahren, nachdem die Deutschen in den 1950er und 1960er Jahren ausgiebig um ihre eigenen Kriegsopfer wie z.B. zivile Kriegstote, Vertriebene (Scholz 2015) und Kriegsheimkehrer getrauert und diesen Denkmäler errichtet hatten. Statt Sinnstiftung für einen sinnlosen Opfertod zu erzeugen, verzichteten sie auf eine eindeutige Aussage bzw. einen eindeutigen Appell gerade dadurch, dass sie dem Betrachter eben nicht das unvorstellbare Leid vor Augen stellten, das nach verbreiteter zeittypischer Ansicht ohnehin nicht künstlerisch angemessen hätte dargestellt werden können, weshalb man ja gerade die Abstraktion wählte, sondern sie zwangen den Betrachter zur Reflexion.

Von der Denkmalsmüdigkeit zum Denkmalsboom

Wegen der Vorliebe für Abstraktes seit den 1950er Jahren, des Mangels an eindeutigen Aussagen und des Verzichts auf positive Sinnstiftung zu Gunsten von Reflexion sprach man im Bereich der Kunstgeschichte deshalb schon in den 1960er Jahren von „Denkmalsmüdigkeit“ (Ladendorf 1964, 656). Diese Entwicklung steigerte sich in den 1970er Jahren zu einer Rhetorik vom „Ende des Denkmals“ (Bloch 1977), bevor man schließlich den Tod der gesamten Gattung konstatierte (Trier 1985).

Doch das Ende der Denkmäler war vorzeitig proklamiert worden, das Medium erlebte in den 1980er Jahren eine Renaissance. Ein wahrer „Denkmalsboom“ setzte ein, als in den 1980er Jahren die geschichtspolitischen Auseinandersetzungen über den Nationalsozialismus zunehmend auch mit diesem Medium geführt wurden. Als lokale und nationale Ge-

genbewegung zu den Plänen der Bundesregierung wie z.B. einer zentralen „Gedenkstätte für die Opfer von Krieg und Gewaltherrschaft“ wurden an vielen Orten von verschiedenen Gruppen Forderungen nach Denkmälern für die bis dato „vergessenen Opfer“ des Nationalsozialismus erhoben und sehr häufig auch umgesetzt (vgl. Endlich 2003, 37f.).

Die damaligen Diskussionen über Denkmäler zeigten Pluralismus und Differenzierung auf Seiten der Stifter. Obwohl das Spektrum der denkmalstiftenden Gruppen breiter wurde, blieb die Errichtung von Denkmälern für bis dato „vergessene Opfer“ des Nationalsozialismus stets ein Anliegen von „Persönlichkeiten und Gruppen, die mit dem Denkmal Ansprüche auf allgemeine Geltung ihrer Handlungen oder Wertideen verbanden“ (Hardtwig 2011a, 25). Denn „wer ein Denkmal setzt, privilegiert einen bestimmten Blick auf die Vergangenheit und gewinnt ein Stück Interpretationsmacht für den Zusammenhang von Vergangenheit, Gegenwart und Zukunft“ (Hardtwig 2011a, 25).

Gegendenkmal

Charakteristisch für die (Weiter-)Entwicklung des Denkmals in den 1980er Jahren wurde das sogenannte Gegendenkmal. Es verfolgt den „Zweck, die Botschaft eines für Teile der Gesellschaft unzeitgemäßen, ja untragbaren Monuments zu brechen und es – solchermaßen entschärft – in die Gegenwart zu integrieren“ (Hausmann 1997, 96). Gegendenkmäler sind also das Ergebnis innergesellschaftlicher Konflikte über Denkmäler und hinter diesen stehender Werte und Überzeugungen; zur Entschärfung bzw. Überwindung solcher sozialer Kontroversen soll die Errichtung von Gegendenkmälern dienen. Gegendenkmäler sind eine Folge der oben skizzierten, schrittweisen Pluralisierung der jüngeren Denkmalskultur. Sie entstehen in aller Regel nicht synchron, sondern diachron zu Denkmälern, weil sich Einstellungen, Werte, Geschichtsbilder und Vergangenheitsinterpretationen erst im Laufe der Zeit wandeln (vgl. Wijsenbeek 2010, 16). Die Kunsthistorikerin Corinna Tomberger versteht unter Vergangenheitsinterpretation im Hinblick auf Gegendenkmäler „sowohl Deutungen der zu erinnernden Geschichte als auch Aussagen darüber, in welchem Verhältnis diese zur Gegenwart steht und welche Konsequenzen, welche Lehren oder Vorsätze für die Zukunft daraus abgeleitet werden“ (Tomberger 2007, 27). Ein Denkmal muss zunächst „altern“ und veralten, bevor es eines Gegendenkmals bedarf. Die Initiatoren solcher Gegendenkmäler sind also weiterhin von der prinzipiellen Wirksamkeit von Denkmälern überzeugt, die ja Voraussetzung dafür ist, konträre Deutungsmuster, Sinnstiftungen und Identifikationsangebote bzw. Botschaften und Appelle mit dem gleichen Medium zu äußern (vgl. Springer 2009b, 308). Sie schlagen Denkmäler sozusagen „mit ihren eigenen Waffen“, d. h. mit dem gleichen Medium.

Typische Vertreter für die Gattung Gegendenkmäler sind Deserteur-Denkmäler (Dräger 2014, Dräger 2017a, Dräger 2017b). Sie stellen eine besondere Variante von Kriegerdenkmälern dar. Sie kontrastieren und konfrontieren als „steinerne Provokation“ in der Regel ein Kriegerdenkmal und dessen heroische Botschaft, das sich meist in unmittelbarer Nähe zu ihnen befindet. Ihre Errichtung forderten in den 1980er Jahren verschiedene Gruppen und Initiativen innerhalb der Friedensbewegung, die zunächst eine gesellschaftlich nicht akzeptierte Minderheitenposition vertraten. Nach dem Ende der Friedensbewegung hielten diese Gruppen ihre Forderungen aufrecht, sodass in den letzten drei Jahrzehnten rund 50 Deserteur-Denkmäler entstanden. Die Denkmalsdebatten können hierbei als Indikator für den schwindenden gesellschaftlichen Stellenwert des Militärischen angesehen werden, die steigende Zustimmung zu ihnen ist ein Beleg für den soziokulturellen Meinungswandel.

Abb. 5: Das 2015 eingeweihte Hamburger Deserteur-Denkmal zwischen Stephansplatz und Dammtor mit dem sogenannten „Kriegsklotz", dem 1936 eingeweihten Ehrenmal für die im Ersten Weltkrieg getöteten Soldaten des Infanterie-Regiments Nr. 76, im Hintergrund (Hansestadt Hamburg, Behörde für Kultur und Medien)

Dialog von Denkmal und Gegendenkmal

Auf diese Weise entstehende Ensemble von Denkmal und Gegendenkmal besitzen „Dialogcharakter" (Springer 1994, 534). Sie laden den Betrachter zur Reflexion und zum Vergleich der beiden präsentierten Deutungen von Geschichte ein. Diese gleichsam didaktische Konstellation verfolgt den Zweck, aufzuklären statt zu verklären. Das Gegendenkmal will eine Deutung, die sein Pendant unterschlägt, sichtbar werden lassen und dient idealiter als Katalysator für den Wandel von öffentlichem Geschichtsbewusstsein und kollektivem Gedächtnis (Wijsenbeek 2010, 258), indem es eine alternative, kritische Deutung der Vergangenheit anbietet und die monoperspektivische Aussage seines Gegenstücks bricht und „korrigiert". Die Kunsthistorikerin Dinah Wijsenbeek bewertet Gegendenkmäler deshalb als sinnvolle Instrumente im Umgang mit anachronistischen Denkmälern, sie seien weit besser als Denkmalstürze (Wijsenbeek 2010, 27 f.).

Gleichwohl stellen moderne Gegendenkmäler bei ihrer Rezeption hohe Ansprüche an den kunsthistorisch ungeschulten „Normalbürger". Die Frage nach ihrer konkreten Wirkung ab ihrer Errichtung ist also nicht leicht zu beantworten. Eine weitere Schwierigkeit solcher Monumente besteht in der Gefahr, dass Erinnerung und Gedenken an das (Gegen-)Denkmal delegiert wird, es also entlastende und verdrängende Funktion erhält. In einem solchen Fall verbleibt die Erinnerung also im kulturellen Gedächtnis, das (Gegen-)Denkmal erfüllt eine „Sonn- und Feiertagsrolle" (Mittig 1987b, 532) und reaktualisiert bzw. vergegenwärtigt die Erinnerung bestenfalls sporadisch und pflichtschuldig; über eine lebendige „Alltagsrolle" (Mittig 1987b, 532) verfügt es nicht, sondern es bleibt „unsichtbar" und gerät überhaupt nicht mehr ins Blickfeld. Um diese Gefahr zu bannen, schlägt Wijsenbeek die Errichtung lediglich temporärer Gegendenkmäler vor, die einander ablösen und auf diese Weise verhindern sollen, dass ein Gewöhnungseffekt eintritt und somit keine bewusste Wahrnehmung stationärer Gegendenkmäler mehr stattfindet (Wijsenbeek 2010, 266–273; für ein mobiles Gegendenkmal siehe Stadt Ravensburg 2012).

Anspruchsvolle Rezeption

Trotz ihrer Häufung in Deutschland aufgrund der Spezifika der deutschen Geschichte sind Gegendenkmäler kein ausschließliches, „typisch deutsches" Phänomen. Derartige Denkmäler existieren auch in Österreich, Frankreich, Großbritannien und den USA. Sie sind somit also kein orts-, sondern ein zeittypisches Phänomen der postmodernen westlichen Welt, in der sich statt einer affirmativen eine kritische historische Sinnbildung etabliert hat.

Politische Bedeutung von Gegendenkmälern

Die politische Bedeutung von Gegendenkmälern bestand in den 1980er Jahren vor allem darin, gegen Widerstände aus Politik und Gesellschaft solche Monumente überhaupt durchzusetzen. Außer dass neben dem herrschenden Geschichtsbewusstsein noch andere Strömungen existierten, bezeugen jene Denkmalserrichtungen zum einen, dass sich die Macht und Fähigkeit, sich im öffentlichen Raum zu artikulieren, pluralisierten, und zum anderen, dass sich damit die Regeln und Grenzen des öffentlich Sagbaren verändert hatten, wozu auch die Revision des Denkmalskonzepts beigetragen hat. Die mit der Neudefinition der Gattung einhergehende Abkehr von traditioneller Formsprache, Sinnstiftung und Appell sowie der Verzicht auf eine einheitliche und eindeutige, „unmissverständliche" Botschaft zu Gunsten von historischer Trauer und kritisch-distanzierter Reflexion gaben dem Medium neue Impulse, belebten es wieder und rehabilitierten es (vgl. Tomberger 2007, 11–14). So wurden die lokalen Denkmalsetzungen der 1980er Jahre zu Wegbereitern für die ihnen nachfolgenden Denkmalsetzungen nationalen Ranges in den 1990er und 2000er Jahren.

Denkmalsprojekte im 21. Jahrhundert

Das 21. Jahrhundert steht den beiden vorangegangenen Jahrhunderten im Hinblick auf seine „Denkmalswut" in nichts nach, sodass ein Ende der Denkmalsflut weder abzusehen noch zu erwarten ist. Seit der Wiedervereinigung wurden zahlreiche Denkmalsprojekte nationalen Ranges zunächst diskutiert und dann oftmals auch umgesetzt. Zu nennen sind hier exemplarisch das Denkmal für die ermordeten Juden Europas, das Denkmal für die im Nationalsozialismus ermordeten Sinti und Roma Europas, das Denkmal für die im Nationalsozialismus verfolgten Homosexuellen sowie der Gedenk- und Informationsort für die Opfer nationalsozialistischer „Euthanasie"-Morde. Ein vom Bund der Vertriebenen geäußerter Vorschlag bzgl. eines nationalen Denkmals für die deutschen (Heimat-)Vertriebenen wurde nicht umgesetzt, stattdessen wurde nach einer kontroversen Debatte der Beschluss zur Errichtung eines Dokumentations- und Informationszentrums gefasst, das im Sommer 2021 eröffnen soll. Ebenso unrealisiert ist trotz des Baubeginns im Mai 2020 momentan noch das Denkmal für Einheit und Freiheit, das an die friedliche Revolution in der DDR sowie die Wiedervereinigung erinnern soll (vgl. Apelt 2009). Ein zentrales Denkmal, das an im Dienst gefallene Angehörige der Bundeswehr erinnert, wurde im September 2009 im Berliner Bendlerblock eingeweiht.

Abb. 6: Das 2005 eingeweihte Denkmal für die ermordeten Juden Europas in Berlin (Foto: Peter Kuley, CC BY-SA 3.0)

Abb. 7: Der Entwurf für das Einheits- und Freiheitsdenkmal in Berlin, mit dessen Bau nach über 20-jähriger Diskussion im Mai 2020 begonnen wurde (picture alliance/dpa/Milla&Partner)

Vom Heroismus zum Postheroismus

Durch den Wandel von einer heroischen zu einer postheroischen und opferorientierten Erinnerungskultur nach dem Zweiten Weltkrieg (vgl. Sabrow 2012, 42) sind mittlerweile auch weitere Denkmalstypen möglich und diskutabel geworden, zum Beispiel zur Erinnerung an Katastrophen wie Grubenunglücke, Zugunfälle oder Flugzeugabstürze, „Trümmerfrauen" oder die Arbeitsmigranten der frühen Bundesrepublik.

Unklar und fraglich bleibt allerdings, ob mit diesem geschichtskulturellen Denkmalsboom auch eine gestiegene

Quantität und Qualität des Gedenkens einhergegangen ist und wie sich das gesellschaftliche Geschichtsbewusstsein entwickelt hat (vgl. Thünemann 2013).

2.3 Geschichte des Denkmalschutzes

Angesichts der gestiegenen Bedeutung von Denkmälern in den letzten Jahrzehnten soll hier analog zur Geschichte der Denkmäler auch die Geschichte des Denkmalschutzes knapp skizziert werden (vgl. Kähler 2006, 143–146), sodass an dieser Stelle auch die nicht intendierten Denkmäler des weiten Denkmalsbegriffs Berücksichtigung finden.

Anfänge in der Aufklärung

Denkmalschutz ist ein relativ junges Phänomen, denn erst mit der Aufklärung setzte ein Bewusstsein für historische Dynamik ein, die sich neben einer selbstbewussten Zukunftsgestaltung auch in einer Selbstvergewisserung der Vergangenheit niederschlug, für deren bewahrenswerte Objekte man sich nun auch interessierte. Im ausgehenden 18. Jahrhundert kam es daher zu ersten Regelungen, die als Vorläufer des Denkmalschutzes betrachtet werden können. Diese Bestrebungen intensivierten sich angesichts von Industrialisierung und Urbanisierung im Laufe des 19. Jahrhunderts, sodass man am Anfang des 20. Jahrhunderts zu Recht vom Beginn der modernen Denkmalpflege sprechen kann.

Kriterien für Unterschutzstellung

Als Kriterium für Denkmalswürdigkeit gilt seitdem das öffentliche Interesse an der Erhaltung eines Objektes aufgrund seines historischen, künstlerischen, volkskundlichen, wissenschaftlichen oder städtebaulichen Wertes, der einen Einblick in die Menschheitsgeschichte (Siedlungsform, Arbeits- und Produktionsverhältnisse, Lebensweise etc.) ermöglicht. Nicht nur ästhetisch, auch zeitlich ist der Denkmalsbegriff daher weit gefasst.

Veränderter Umgang mit der Vergangenheit

Während sich im 19. und in der ersten Hälfte des 20. Jahrhunderts der Heimatgedanke mit dem Denkmalschutz verband und auf die Bewahrung Stein gewordener Geschichte ausgerichtet war, diskutierte man nach dem Zweiten Weltkrieg beim Wiederaufbau der Städte vor allem über einen konsequenten Bruch mit der Vergangenheit, indem man viele Monumente nicht originalgetreu rekonstruierte, sondern auch gestalterisch mit Neubauten den Aufbruch in eine neue Zukunft signalisierte.

Erst in den 1960er Jahren änderte sich diese Mentalität in der Bundesrepublik dahingehend, dass Stimmen aufkamen, die den Verlust von Heimeligkeit und Gemütlichkeit angesichts vieler Neubauten in urbanen Zentren und ihrer Peripherie bedauerten. Die 1970er Jahre führten daher zu einem Wandel und steigerten die Bedeutung des Denkmalschutzes wieder. 1973 wurde das „Deutsche Nationalkomitee für Denkmalschutz" gegründet. Das Motto des (europäischen) Denkmalschutzjahres von 1975 lautete „Eine Zukunft für unsere Vergangenheit". Denkmalschutz und -pflege waren gesellschaftlich anerkannt und wurden staatlich gefördert, indem sowohl ihre wissenschaftliche Inventarisierung („Denkmalstopographien") als auch die privaten Eigentümer von Denkmälern finanziell durch Steuererleichterungen unterstützt wurden. In der DDR führte die Priorisierung des industriellen Wohnungsbaus an den Stadträndern zur Vernachlässigung des erhaltenen historischen Bestands in vielen Innenstädten; zum Teil mit bis heute sichtbaren Folgen.

Seit den 1970er Jahren hat sich auch der chronologische Rahmen erheblich ausgeweitet. Nun galten nicht mehr nur jahrhundertealte Kirchen und Burgen als erhaltenswert, auch Bauten aus jüngster Zeit konnten den Status eines Denkmals erhalten. Denn der Denkmalschutz betrachtet sie als Zeugnisse ihrer jeweiligen Epoche, auch wenn bisweilen ihr historischer und ästhetischer Wert bezweifelt wird. Dies gilt z.B. für Bauten des sogenannten Brutalismus (von frz. *béton brut* – Sichtbeton) der 1960er und 1970er Jahre. Der Denkmalschutz bewahrt nicht ausschließlich das ästhetisch Wertvolle der Vergangenheit, sondern versucht, möglichst umfassend all ihre baulichen Hinterlassenschaften zu berücksichtigen, sofern sie als Sachquellen historisch relevant und aussagekräftig sind. Auch „unschöne" Aspekte werden nicht ausgeblendet, sondern Monumente werden nach fachlichen Gesichtspunkten klassifiziert, über die wissenschaftliche Einigkeit besteht. Auch wenn konservatorische Entscheidungen nicht nach Popularität und Opportunität getroffen werden,

Denkmalschutz und Zeitgeist

so spielt doch der soziopolitische Zeitgeist eine wichtige Rolle und entscheidet darüber, ob Denkmalschutz eher ein randständiges Phänomen ist oder – wie in den letzten 50 Jahren, freilich mit ökonomisch bedingten Eintrübungen seit der Jahrtausendwende (vgl. KMK 2002) – eine doch relativ prominente Position einnimmt. Jedes Bundesland hat übrigens ein eigenes Denkmalschutzgesetz.

Bisweilen schießt die Nostalgie aber über ihr Ziel hinaus. Stadtplanung und Architektur treiben seltsame Blüten, wenn bei Sanierungen und Neubauten unwiederbringlich Verlorenes (mehr oder weniger) authentisch rekonstruiert und die scheinbare Originalität wiederum touristisch vermarktet wird wie z. B. beim Berliner Stadtschloss oder der Frankfurter Altstadt. Solche Phänomene von „Kulissenzauber" spiegeln vielmehr das moderne Bedürfnis nach einer „heilen", vergangenen Welt wider, als dass sie Auskunft über die tatsächliche Vergangenheit geben oder Einblick in sie bieten.

2.4 Denkmäler als Medien des kollektiven Gedächtnisses

Denkmäler als „Nobilitierungsgesten" im kollektiven Gedächtnis

Denkmäler stellen einen Teil des kollektiven Gedächtnisses dar, sie fungieren als Medien zwischen einem historischen Inhalt bzw. Thema – sei es eine Person oder ein Ereignis – und der Gesellschaft, die sich daran erinnern soll (für ausführliche Erläuterungen zum Verhältnis von Denkmälern und kollektivem Gedächtnis siehe Dräger 2017a, 63–96). Sie sind das Ergebnis eines interessegeleiteten, selektiven und konflikthaften Kommunikationsprozesses verschiedener Personen und Personengruppen über die Interpretation von Geschichte. Denn die denkmalgewordene, selektive Auswahl des zu Erinnernden stellt eine „Nobilitierungsgeste" dar, ein „Zeichen der Wertbemessung und Hierarchisierung" (Mattenklott 1993, 28 f.), wobei gegenwärtige „Wertmaßstäbe, Identitätskonzepte und auch [...] Macht und Herrschaftsverhältnisse" (Scholz 2015, 22) jeweils als Auswahlkriterien fungieren. Das Ziel solcher Monumente besteht in der „Einwirkung auf die gesamte Gesellschaft" zwecks „Normierung, Vermittlung und Beglaubigung von gemeinsamen Werten".

Denkmäler lassen „bestimmte Werthaltungen als konsensual und verbindlich erscheinen“ (Scholz 2015, 34). Dieser Suggestion entsprechend soll ein Individuum die Botschaft von Denkmälern als für sich selbst verpflichtend und verbindlich erachten. Die Einschreibung eines Geschichtsbildes ins kollektive Gedächtnis dient sowohl der Einflussnahme auf das kollektive wie auf das individuelle Geschichtsbewusstsein.

Denkmäler als Medien der Macht

Sie sind somit auch „Medien der Macht“ (Brandt 2004, 169), weil sie bestimmte Sichtweisen dauerhaft und normativ festsetzen. Neben ihrem Quellenwert für ideen-, mentalitäts- und kulturgeschichtliche Fragestellungen verbinden sich in Denkmälern die Aspekte Erinnerung und Identität (vgl. Schlie 2002, 14). Die ihnen inhärenten Identifikationsangebote bzw. -forderungen lassen Denkmäler des Weiteren zu Quellen für die kulturelle und historische Identität von Gesellschaften werden. Ihre Existenz gibt Auskunft darüber, welche Bedeutung dem Wissen über die Vergangenheit beigemessen wird und welche historischen Inhalte wann als besonders erinnerungswürdig gelten. Ferner ermöglichen Denkmäler Einblick in die Verteilung von politischer und sozialer Macht, wenn man sie daraufhin untersucht, wer ihre Errichtung befürwortete bzw. wer sie verhindern wollte. Denn obwohl Denkmäler suggerieren, dass sie über allgemeine Zustimmung verfügen, sind sie doch keineswegs *eo ipso* entstandene Produkte. Es handelt sich bei ihnen vielmehr um ein Ergebnis politischer Willensbildung, in demokratischen Gesellschaften entscheiden nämlich die gewählten Repräsentanten über die Errichtung von Denkmälern. Sie sind somit das Resultat einer Mehrheitsentscheidung; diejenigen, die sie befürworten, verfügen meist über einen entsprechenden Rückhalt in der Gesellschaft.

Denkmäler verdecken die Diskussionen über ihre Entstehung

In der Entstehungsphase, bei der Einweihung oder spätestens in der Rezeption zeigt sich, ob „in einer Gesellschaft ein erinnerungskultureller Konsens oder eine Hegemonie besteht“ oder ob es „unterschiedliche Modelle der Erinnerung gibt, die nebeneinander existieren, in Konkurrenz oder im Widerspruch zueinander stehen“ (Scholz 2015, 22). Meist kollidieren bereits in der Planungsphase unterschiedliche

Geschichtsbilder, die um Hegemonie kämpfen. Das Denkmal fungiert quasi als Kristallisationspunkt; es bildet den Konflikt pluraler Meinungen und Geschichtsbilder jedoch nicht ab, jener schlägt sich gestalterisch nicht nieder, denn eventuelle Kompromisse wie Standortwahl oder Wortwahl der Inschrift werden nirgendwo auf einer Meta-Ebene thematisiert, die für die Betrachter sichtbar wäre. Obwohl bloß „partikulare Lesarten von Vergangenheit [...] als allgemeingültig und verbindlich präsentiert" (Scholz 2015, 22) werden, entsteht dennoch der Eindruck von geschichts- und erinnerungspolitischer Einigkeit und offizieller Anerkennung des Denkmals. Denn der mehr oder weniger kontrovers verlaufende Entstehungsprozess gerät zunehmend in Vergessenheit, sodass das Denkmal nach seiner Errichtung „zu einem Gemeinschaftswerk der Denkmalinitiatoren und der Gesamtgesellschaft" (Scholz 2015, 35) mutiert und ihm gewissermaßen ein oftmals unhinterfragter, „monopolartiger Geltungsanspruch" (Brandt 2004, 214) innewohnt.

Denkmalsdebatten als Ausdruck von Geschichtsbewusstsein

So betrachtet sind Diskussionen um Denkmäler Ausdruck von Geschichtsbewusstsein, das Denkmal selbst repräsentiert „nur" die materielle Ausprägung einer Strömung von gesellschaftlich vorhandenem Geschichtsbewusstsein, die sich schließlich durchsetzen kann und den zeitgebundenen Interessen der Denkmalsetzer entspricht. Das für das Denkmal reklamierte allgemeine oder öffentliche Interesse stellt somit lediglich Interessen, Weltbild und Geschichtsdeutung einer zu einem bestimmten Zeitpunkt gesellschaftlich dominanten Gruppe dar. Synchron mit dem historischen Wandel werden die Botschaften der Denkmäler im Laufe der Zeit anachronistisch. Der Charakter von Denkmälern ist statisch, er verhindert die diskursive Auseinandersetzung ebenso wie die Ausbildung eines reflektierten Geschichtsbewusstseins (vgl. Scholz 2015, 18). Die Bedeutung des von Denkmälern repräsentierten Anliegens ist nämlich – trotz ihres eigenen Anspruchs auf ewige Gültigkeit, der genau dies verhindern soll, und der damit verbundenen Wahl haltbarer und unvergänglicher Materialien, die diesen Anspruch unterstreichen sollen – zeitlich begrenzt und dem Wandel unterworfen. Sie werden im Laufe der Zeit irrelevant für die Nachgeborenen und ihnen fremd.

Heutzutage sind Denkmäler also das Ergebnis eines öffentlichen Aushandlungsprozesses zwischen verschiedenen gesellschaftlichen Gruppen, der meist in politischen Gremien stattfindet. Die Debatten können sowohl auf lokaler Ebene stattfinden wie z.B. in Göttingen oder Kassel, wo man in den 1980er Jahren im jeweiligen Stadtrat leidenschaftlich über die Errichtung von Deserteur-Denkmälern diskutierte (vgl. Dräger 2017a), oder auch von nationaler Tragweite sein, wie es bei den Bundestagsdiskussionen über das Berliner Denkmal für Einheit und Freiheit der Fall war (vgl. Apelt 2009).

Denkmalsdebatten als immaterieller Teil von Denkmälern

Als Resultat eines solchen, oftmals konflikthaften Kommunikationsprozesses der Verständigung über die Interpretation von Geschichte steht am Ende meist ein Kompromiss im Hinblick auf Standort, Widmungstext oder Größe des Denkmals. Er stellt den steingewordenen Konsens und Kanon dessen dar, was einer Gruppe von Menschen als erinnerungswürdig gilt und Eingang ins kollektive Gedächtnis finden soll, damit es nicht vergessen wird. Der Diskurs über Denkmäler ist somit ein zentrales Element der historisch-politischen Bewusstseinsbildung. Deshalb sind der Diskussions-, Entstehungs- und Rezeptionsprozess gleichermaßen Bestandteile des Denkmals, wenngleich auch immaterielle. Einigen Wissenschaftlern ist die Diskussion sogar wichtiger als das schließlich realisierte Denkmal, sie gilt ihnen als das eigentliche Denkmal (Young 1999, 728). Mehr noch als die spätere Rezeption des Denkmals in Form von Ritualen, Festen, Feierstunden oder Gedenkveranstaltungen liegt ihnen der vor der Errichtung stattfindende Prozess der Auseinandersetzung mit einem zu errichtenden Denkmal am Herzen, der den kommunikativen Part des kollektiven Gedächtnisses widerspiegelt und die Ausprägungen und Strömungen des in der Gesellschaft vorhandenen Geschichtsbewusstsein sichtbar hervortreten lässt, die sich am Streit über die geplante geschichtskulturelle Manifestation in Form eines Denkmals herauskristallisieren. In dieser Phase beschäftigt sich eine interessierte

Öffentlichkeit intensiv mit dem geplanten Denkmal, weshalb sie den Forschern als besonders fruchtbar und erkenntnisreich gilt. Mit der Einweihung – also dem fertig geplanten Denkmal und dem damit verbundenen Übergang von kommunikativen in den kulturellen Teil des kollektiven Gedächtnisses – beginnt für sie der Prozess des Vergessens, sofern die Denkmäler nicht durch lebendige Rituale – also irgendeine Art kommunikativer Anbindung, die Reaktualisierung und Integration in den Alltag ermöglicht – eingebunden werden.

James E. Young hat in der Diskussion über das Berliner Holocaust-Denkmal auf den Zusammenhang von Kommunikation und Kultur im Hinblick auf die Errichtung von Denkmälern hingewiesen. Er thematisiert also explizit die Entstehung von Denkmälern und weist dem kommunikativen Teil des kulturellen Gedächtnisses eine prominente Position zu. Denn er meint, dass das Lehrreichste an einem Denkmal überhaupt die offene Diskussion darüber, die öffentliche Auseinandersetzung sei. Zur Entstehungsgeschichte von Denkmälern merkt er deshalb an: „Zeigen wir ihre Genesis nicht, so zeigen wir nicht das wahre Denkmal, sondern dann decken wir es zu, dann beschneiden wir seine Wirkung und Ausstrahlung." (Young 1999, 728)

Die Diskussion über Denkmäler ist gewissermaßen das mit den „modernen", abstrakten Denkmalsformen korrespondierende Äquivalent. Ebenso wie die Denkmäler selbst, die nicht mehr unmittelbar sinnstiftend wirken, sondern den Rezipienten zum Nachdenken – freilich mit offenem Ausgang und ohne normative Vorgaben – anregen sollen, sind die Diskussionen über sie ergebnisoffen und lassen einer Vielzahl an Positionen Raum. Erst die ausführliche Thematisierung von Denkmalskontroversen, die sich oftmals in den Leserbriefspalten von Tageszeitungen niederschlagen, von unterschiedlichen Interpretationen und Rezeptionen – mithin die kommunikativen Bestandteile von Geschichtskultur und kollektivem Gedächtnis – ermöglicht einen Blick auf Bandbreite, Arten und Ausprägungen von Geschichtsbewusstsein, wie es in der gesamten Gesellschaft vorhanden ist. Dabei bleibt natürlich festzuhalten, dass es sich dabei oftmals um Elitendiskussionen handelt, an der sich weite Teile der Bevölkerung aus Desinteresse, Indifferenz, Unverständnis oder anderen Gründen gar nicht erst beteiligen.

Momente der sozialen Aufmerksamkeit für Denkmäler

Gleichwohl erfährt laut dem Historiker Stephan Scholz ein Denkmal mehrere „Aufmerksamkeitsschübe" (Scholz 2015, 24f.), erstens in seiner Planungsphase, wo intensiv über Sinn und Gestaltung diskutiert wird, zweitens bei der Einweihung und drittens bei regelmäßigen Gedenkveranstaltungen, die es in seiner „Feiertagsrolle" (Mittig 1987b, 532) zeigen.

Kriterien für die soziale Bedeutung von Denkmälern

Stellenwert und Wirkung eines Denkmals sind das Resultat aus dem Zusammenspiel von Standort, Form und Symbolik, Inschrift sowie sozialer Praxis. Ein zentraler, innenstädtischer Standort schreibt dem Denkmal eine hohe Bedeutung und gewissermaßen einen Logenplatz im kollektiven Gedächtnis zu, die Aufstellung in der Peripherie oder gar auf privatem Grund spricht für eine geringe Bedeutung. Die Überlassung eines öffentlichen Platzes gilt als besondere Form der Auszeichnung und Anerkennung bzw. Würdigung des Denkmalprojekts, auch hier zeigt sich eine soziale „Nobilitierungsgeste" (Mattenklott 1993, 28f.). Oftmals kommen Standortentscheidungen jedoch als Kompromiss in langwierigen Aushandlungsprozessen zustande. Die künstlerische Gestaltung ist zwar ein wesentliches Merkmal von Denkmälern, ihr „Wert" wird aber auch durch die Wahl von Material, Formen, Symbolen und nicht zuletzt des ausführenden Künstlers bestimmt. Ebenso wichtig ist die Inschrift. Sie wirkt sinnstiftend und verbalisiert die Intention des Monuments. Aufgrund ihrer Kürze bietet das Denkmal eben gerade keine Narration an, es stellt vielmehr einen „Symbolkomplex" (Scholz 2015, 30) dar, der bestehende Geschichtsbilder eher bestätigt und bestärkt als alte kritisch zu hinterfragen oder gar neue zu produzieren. Mit zunehmender zeitlicher Distanz besteht die Gefahr, dass das Denkmal unverständlich und obsolet wird, da Codes, Symbole, Zeichen und Begriffe nicht mehr dechiffriert werden können. Deshalb ist die soziale Gedenkpraxis von eminenter Wichtigkeit für Sichtbarkeit, Wirksamkeit und Vitalität eines Denkmals. Denn erst durch alljährliche, zyklisch wiederkehrende Gedenkveranstaltungen erhalten Denkmäler Aufmerksamkeit und Bedeutung. Finden sie nicht mehr statt, ist ein Bedeutungsverlust eingetreten. Das gilt erst recht dann, wenn es zum Streit über den Umgang mit solchen Monumenten kommt.

2.5 Möglichkeiten für den Umgang mit als anachronistisch empfundenen Denkmälern

Informationstafel

Für den Umgang mit obsoleten Denkmälern und Denkmalsaussagen bieten sich drei Vorgehensweisen an: Erstens die Kontextualisierung und Historisierung eines Denkmals durch eine erläuternde Informationstafel (Sauer 2012, 7). Mit ihrer Hilfe kann man sich von vergangenen „Irrlehren" distanzieren und eigene Lehren aus der Geschichte formulieren und zugleich die Denkmäler als steingewordene Quellen einer Mentalitätsgeschichte erhalten. Die meisten Historiker bevorzugen diese Lösung.

Abb. 8: Das „Südwestafrika-Denkmal" in Göttingen erinnert seit 1910 an im „Herero-Krieg" gefallene Göttinger Soldaten; die seit 2007 existierende Informationstafel informiert über den historischen Kontext und setzt sich kritisch mit dem Denkmal auseinander: „[...] Wir Göttingerinnen und Göttinger gedenken der Menschen, die von den deutschen Kolonialtruppen ermordet wurden. Wir fordern die Bundesrepublik Deutschland auf, die Verantwortung anzuerkennen und die Entschädigung an die Nachkommen der Opfer zu zahlen. [...]" (Foto: GeorgDerReisende, CC BY-SA 4.0)

Die zweite Möglichkeit ist der Denkmalsturz. Der Denkmalsturz, sei er spontan oder sei er organisiert, vollzieht einen radikalen Bruch mit der Vergangenheit (Greßhake 2010). Er ereignet sich in Phasen des politischen oder sozialen Umbruchs und ist ein Zeichen für die nicht mehr vorhandene Akzeptanz eines kulturellen und historischen Identifikationsangebotes, welche ein Denkmal offeriert. Die bis dato tradierte kollektive Identität ist für Teile der Gesellschaft fragwürdig und brüchig geworden, die Kritik an ihr vollzieht sich im Denkmalsturz. Er kann somit als ein „Übergangsritual" betrachtet werden, das sozialen und politischen Wandel markiert. Alte Symbole, Werte und Leitvorstellungen werden beseitigt, erst dies ermöglicht die Setzung und Etablierung neuer identitätsstiftender Zeichen.

Abb. 9: Plakat zur „Antifaschistischen Woche" in Göttingen im Sommer 1988 mit dem impliziten Aufruf zum Sturz des 1925 errichteten Denkmals des Infanterie-Regiments Nr. 82 (Stadtarchiv Göttingen, PS B206/1988-3)

Der Historiker Winfried Speitkamp bewertet Denkmalstürze positiv, weil sie kein Ausdruck für die Vernichtung von Geschichte, sondern für die Auseinandersetzung mit ihr seien. Sie stünden beispielhaft für den Umgang einer Gesellschaft mit ihrer Vergangenheit und spiegelten die „unausweichliche Notwendigkeit" wider, kontinuierlich die eigene Geschichte zu reflektieren und neu zu interpretieren. Insofern seien

Denkmalstürze symbolische Politik, Bestandteile der politischen Kultur sowie ein „legitimer Ausdruck von kollektiver Identität und Merkmal jeder Erinnerungskultur“ (Speitkamp 1997, 19). Weite Teile der historischen Forschung üben jedoch heftige Kritik an dieser ikonoklastischen Form der Vergangenheitsbewältigung. Sie bemängeln den allzu eilfertigen Bildersturm als unhistorischen und geschichtsunbewussten Umgang mit der Vergangenheit und beklagen den Verlust eines historischen Zeugnisses, der die Vergangenheit trotzdem nicht ungeschehen mache. Als konstruktive und sinnvollere Alternative zum Denkmalsturz bietet sich deshalb drittens ihre Kontrastierung mit sogenannten „Gegendenkmälern“ an, wofür die Kunsthistorikerin Dinah Wijsenbeek plädiert (Wijsenbeek 2010, 260–262).

Gegendenkmäler

Abb. 10: Das „Mahnmal gegen den Krieg“ von Alfred Hrdlicka ist ein Gegendenkmal zum sogenannten „Kriegsklotz“, dem 1936 eingeweihten Ehrenmal für die im Ersten Weltkrieg getöteten Soldaten des Infanterie-Regiments Nr. 76; beide Denkmäler stehen in der Nähe des Dammtor-Bahnhofs (Foto: unbekannt, CC BY-SA 3.0)

Gleichwohl werden bei Regime-Wechseln oder bei einem Wandel des politischen Systems regelmäßig die Denkmäler der ehemaligen Diktatoren und Potentaten gestürzt, da sie als bloße Herrschaftszeichen der diktatorischen bzw. totalitären Vergangenheit gelten, an die nun nicht mehr erinnert werden soll. Beredte Beispiele dafür sind nicht nur der Umgang mit Stalin-Statuen in der Sowjetunion, sondern auch die zahlreichen Stürze von Lenin-Denkmälern in der ehemaligen DDR im Zuge der Wiedervereinigung (Ziesemer 2019). Der herausragendste Fall, nämlich die Demontage des Lenin-Denkmals in Berlin-Friedrichshain im Jahr 1991, gab sogar einem Film seinen Titel („Good Bye, Lenin!", Deutschland 2003).

3. Das Potential von Denkmälern für den Geschichtsunterricht

Denkmäler als außerschulische Lernorte

Sämtliche Lehrpläne, (Rahmen-)Richtlinien und (Kern-) Curricula aller Schulformen erwähnen Denkmäler als außerschulische Lernorte; sie sind in den normativen Satzungen für das Fach Geschichte fest verankert (KMK 1977, KMK 1993). Neben den formalen Vorgaben sprechen jedoch vor allem inhaltliche Argumente dafür, Denkmäler im Geschichtsunterricht zu thematisieren. Neben ihrer geschichtskulturellen Dimension und der damit verbundenen Denkmalsgenese als gegenständliche Quelle sollte vor allem das visuell-ästhetische Potential von Denkmälern berücksichtigt und ernst genommen werden (vgl. Thünemann 2011, 90 f.). Denn trotz ihrer oftmals politischen Dimension verfügen sie auch über ästhetische und haptische Qualitäten, die es zu beachten und angemessen zu bedenken gilt.

3.1 Chancen und Probleme der Thematisierung von Denkmälern im Geschichtsunterricht

Chancen

Es stellt wohl noch immer eine Ausnahme dar, Denkmäler im Geschichtsunterricht ausführlich zu thematisieren und einen Schwerpunkt auf die Behandlung dieser Sachquellen zu setzen (vgl. Würfel 2009, 7). Dabei gibt es dafür eine Menge guter Gründe. An erster Stelle ist sicherlich die authentische Aura zu nennen; das historische Original verströmt quasi den „Hauch der Vergangenheit“, es ragt unmittelbar und unvermittelt in die Gegenwart hinein. Denkmäler sind Quellen für Politik-, Sozial-, Mentalitäts- und Kulturgeschichte, sie beleuchten viele Aspekte einer vergangenen Epoche querschnittartig. In ihnen wird die abstrakte allgemeine Geschichte am Beispiel von Lokal- und Regionalgeschichte erfahrbar und nachvollziehbar. Sie stellen einen direkten Bezug zur Lebenswelt der Lernenden her. Daher fördern sie auch das Historizitätsbewusstsein der Schülerinnen und Schüler, die an ihnen erkennen können, dass und wie die Gegenwart aus der Vergangenheit heraus entstanden ist.

Probleme

Diesen Chancen stehen auch einige Probleme gegenüber. Trotz der alltäglichen Omnipräsenz sind Denkmäler quasi „unsichtbar" und „gegen Aufmerksamkeit imprägniert", wie der Schriftsteller Robert Musil es formuliert hat (Musil 1978, 506). Auch bietet es trotz seiner Materialität keinen unmittelbaren Zugang zur Vergangenheit, seine Symbole müssen erst (mühsam) dechiffriert und kontextualisiert werden. In dieser Alterität liegt zugleich aber wiederum auch eine Chance, denn erst sie ermöglicht die Erkenntnis der Historizität des Monuments.

Denkmäler sind nicht nur unsichtbar, sondern auch schweigend. Angaben zu Künstlern und Stiftern fehlen (fast) immer, bisweilen mangeln auch Datierung und Widmung (Thünemann 2008, 198). Denkmäler müssen also erst zum Sprechen gebracht werden. Gerade in jüngeren Jahrgangsstufen kann dieser Rätselcharakter aber auch faszinierend und motivierend sein. Bei Denkmälern ist forschend-entdeckendes Lernen quasi in seiner Reinform möglich, eben weil sie nicht didaktisch-methodisch aufbereitet sind. Musterbeispiel dafür ist der von der Körber-Stiftung alle zwei Jahre veranstaltete Geschichtswettbewerb unter der Schirmherrschaft des Bundespräsidenten, der in den Jahren 1992/1993 „Denkmal: Erinnerung – Mahnung – Ärgernis" als Thema hatte. Die Resonanz auf diese Ausschreibung ist mit mehr als 2300 Beiträgen bis heute unerreicht.

Schließlich dient die Analyse von Denkmälern dem Kompetenzerwerb. Fachspezifische Analyse- und Methodenkompetenzen werden ebenso geschult wie ein reflektiertes Geschichtsbewusstsein und die geschichtskulturelle Kompetenz, die sich in einem kompetenten Umgang mit ihren Manifestationen zeigt.

Denkmäler als Symbolträger …

Der Historiker Winfried Speitkamp hat Denkmäler als „Erinnerungszeichen" (Speitkamp 1997, 6) bezeichnet. Sie seien verdichtete Darstellungen, verfügten über eine übertragene Bedeutung, böten bildhafte Aussagen und veranschaulichten einen Sachverhalt, eine Idee oder eine kollektive Identität sinnhaft und sinnfällig, was sie als Appell an die Öffentlichkeit formulieren. Dabei unterscheidet er im Hinblick auf ihre Wirkung drei Arten derartiger Symbolträger.

... dritten Grades

Symbolträger dritten Grades seien Objekte, die äußerlich nicht den Anspruch symbolischer Bedeutung und Repräsentation erhoben, wie z.B. Zweckgebäude oder Gegenstände. Sie seien erst im Laufe der Zeit über ihre reale Funktion hinaus zu Symbolen geworden und als solche wahrgenommen worden. Ihr Zeichencharakter wirke weder plakativ noch subkutan, sondern situativ. Identifikatorische Energie müsse nicht erst ästhetisch konstruiert werden, sondern wohne den Objekten kraft der Authentizität ihrer Gegenständlichkeit schon inne (Demantowsky 2009, 886).

... zweiten Grades

Symbolträger zweiten Grades wirkten subkutan. Bei ihnen handele es sich nämlich um Symbolträger, die einem spezifischen Zweck dienten, indes von ihrem Wesen her eine symbolische Ausgestaltung verlangten wie z.B. Münzen, Banknoten oder Briefmarken. Ihre Gestaltung, besonders die Wahl der Abbildungen, biete Raum für offizielle Festschreibungen. Das gelte auch und vor allem für Namen von Straßen und Plätzen, die die Werte und Ziele eines Gemeinwesens abbildeten. Sie bestimmten das Alltagsleben weitaus wirkungsvoller als Denkmäler. Ihrer Tiefenwirkung könne sich das Individuum kaum entziehen, weil sie eben auch eine unabdingbare Orientierungsfunktion in der Stadt ausübten.

... ersten Grades

Symbolträger ersten Grades seien vor allem Denkmäler selbst sowie politische Symbole im engen Sinn wie z.B. Flaggen oder Hymnen. Sie tendierten zur Eindeutigkeit und gäben Widersprüche kaum wieder. Gerade Denkmäler böten von ihrer Größe, ihrem Standort und ihrem Arrangement in der Umgebung die Möglichkeit zu plakativen Aussagen. Ihre durch die Form vorgegebene offensichtliche ideologische Funktion mindere freilich ihre Wirksamkeit. Denkmäler als Symbole stellten daher den Versuch dar, Tradition zu implementieren. Die Wirksamkeit liege indes kaum in Form und Aussage des Symbols selbst begründet, sondern in seiner

Verwurzelung in der Tradition und im kollektiven Bewusstsein (vgl. Speitkamp 1997, 6–8).

Diese Sichtweise korreliert mit Musils eingangs zitierten Passagen von der Unsichtbarkeit bzw. Wirkungslosigkeit der Denkmäler. Insofern möge man sich also vor allzu großen Hoffnung und Erwartungen hüten, durch Denkmalssetzungen Geschichtsbewusstsein zu erschaffen oder es in bestimmte Richtungen zu lenken. Denkmäler als politische Symbolträger ersten Grades sind zunächst einmal lediglich Abbilder von Geschichtsbewusstsein aus der Zeit ihrer Errichtung (vgl. Demantowsky 2009, 885).

Denkmäler im Geschichtsunterricht thematisieren

Denkmäler sind der geschichtskulturelle Ausdruck des Geschichtsbewusstseins in der Gesellschaft (vgl. Dräger 2017a, 91–96). Sie sollten daher unbedingt zu einem Gegenstand des Geschichtsunterrichts gemacht werden, um anhand ihrer Analyse sowohl geschichtskulturelle Kompetenz zu erwerben als auch ein reflektiertes Geschichtsbewusstsein auszubilden. Lernende können Denkmäler dechiffrieren, ihre Botschaften und Appelle analysieren und kommentieren sowie zum Nutzen und zur Sinnhaftigkeit von Denkmälern Stellung nehmen, indem sie sich als mündige Bürger in Diskussionen und Debatten über bestehende oder neu zu schaffende Denkmäler einbringen bzw. derartige Debatten selbst initiieren. Darauf zielt ein kompetenzorientierter Geschichtsunterricht ab.

Intellektuelle Irrwege und kognitive Kurzschlüsse sollten dabei allerdings vermieden werden. Denkmäler sind keineswegs „Quellen für das Geschichtsbewusstsein der Gesellschaft“ (Schmid 2006, 6) oder „Träger der Geschichtskultur einer Epoche“ (Würfel 2009, 6), die den herrschenden Zeitgeist (vgl. Würfel 2009, 13) sowie das kollektive Gedächtnis als „Gesamtheit des gesellschaftlichen Denkens“ (Würfel 2009, 6) widerspiegeln, sie geben bestenfalls einen Einblick in die zur Zeit ihrer Errichtung dominierende Geisteshaltung. Sie müssen auch nicht unbedingt von einer Bevölkerungsmehrheit befürwortet worden sein, sondern eine geringe Anzahl meinungsstarker und einflussreicher Wortführer im niedrigen einstelligen Prozentbereich im Verhältnis zur

Gesamtbevölkerung (vgl. Dräger 2017a, 34) genügt dafür völlig. Diese Elite muss allerdings auch auf Sympathisanten und Indifferente treffen, die sie gewähren lassen, um ihr Denkmalsprojekt in die Tat umsetzen zu können.

Entstehungs- und Rezeptionsgeschichte thematisieren!

Daher sollten sowohl die Entstehungs- als auch die Rezeptionsgeschichte ausführlich behandelt werden, um derartigen Missverständnissen vorzubeugen. Die Entstehungsgeschichte verdeutlicht zum einen nämlich welche anderen „Strömungen" von Geschichtsbewusstsein es gab, welche Widerstände gegen das Denkmal es gab, wer Widerstand leistete etc., sodass das Ergebnis der Debatte gelegentlich ein Kompromiss war und das Denkmal anders gebaut wurde, als es ursprünglich geplant war (vgl. Dräger 2017a, 542–544). Die Rezeptionsgeschichte ist zum anderen enorm wichtig für die geschichtskulturelle Analyse des Denkmals, für die soziale Bedeutung der durch es dargestellten Thematik sowie für die soziale Akzeptanz seiner Botschaft bzw. den Wandel solcher Sichtweisen und das Infragestellen oder gar das Ende der Akzeptanz in Form von Denkmalsdebatten oder -stürzen. Denkmäler sind also mitnichten Spiegelbilder von Geschichtsbewusstsein einer Gesellschaft, sondern sie dienen als Quellen, um es zu erforschen.

Zu guter Letzt sei noch angemerkt, dass sich auch das weltweite Unesco-Aktionsprogramm „Bildung für nachhaltige Entwicklung" (BNE) mithilfe von Denkmälern sinnvoll in den Geschichtsunterricht integrieren lässt und dort derartige Unterrichtsvorhaben realisiert werden können (vgl. Deutsche Stiftung Denkmalschutz 2018).

3.2 Geschichtsdidaktischer Forschungsstand

Geschichtswissenschaftliche Forschungen

Die Erforschung von Denkmälern war geschichtswissenschaftlich bis in die 1960er Jahre ein Randphänomen. Seitdem gewann sie an Fahrt; Thomas Nipperdeys Aufsatz über „Nationalidee und Nationaldenkmäler in Deutschland im 19. Jahrhundert" gilt als „Impuls für eine historische Denkmalsforschung" (Von Reeken 2008, 8). Sie konzentrierte sich zunächst auf die großen Nationaldenkmäler des 19. Jahrhunderts, bevor sie sich Kriegerdenkmälern zuwandte (vgl. Schmid 2003, 5). Zunächst erschienen beschreibende Bestandserfassungen, dann differenzierte sich die Forschung, wandte sich entweder speziellen Gattungen wie z.B. Krieger- oder Nationaldenkmälern (vgl. Alings 1996) zu oder stellte Ländervergleiche an (Tacke 1995).

Einen erneuten Schub erhielt die Erforschung von Denkmälern mit der kulturgeschichtlichen Wende sowie dem damit verbundenen Aufstieg der Erinnerungs- und Gedächtnisforschung (vgl. Von Reeken 2008, 8 und Schmid 2003, 5f.). Das Interesse an ihnen ist in den letzten 30 Jahren ungebrochen und hält sich auf konstant hohem Niveau. Der Historiker Wolfgang Hardtwig kommentiert diese Entwicklung folgendermaßen: „Der Denkmalsgedanke entwickelt derzeit neue Virulenz – offensichtlich entspricht das Denkmal den Bedürfnissen der Geschichtskultur in einer Gesellschaft, in der die Politik das feste Gefüge institutionalisierten Handelns zunehmend verlässt, in der Erinnerung verstärkt als Gegengewicht zum beschleunigten politischen, kulturellen und technischen Wandel aufgerufen wird, in der sie sich gleichwohl pluralistisch verflüssigt und differenziert und daher auch der sichtbaren Verfestigung und kommunikativen Vernetzung bedarf" (Hardtwig 2011a, 24).

Geschichtsdidaktische Forschungen

Mittlerweile boomt auch die geschichtsdidaktische Denkmalsforschung. Ungefähr seit der Jahrtausendwende sind Denkmäler auch ein Untersuchungsgegenstand im Bereich geschichtskultureller Analysen, um mithilfe von Denkmälern und den Debatten über sie das dahinterstehende Geschichtsbewusstsein in der Gesellschaft zu eruieren. Standen hier ebenfalls zunächst die „neuen Nationaldenkmäler" der Berliner Republik im Fokus, so werden inzwischen auch „nur" lokal oder regional bedeutsame Denkmäler bzw. Denkmalslandschaften erforscht. Gleichwohl liegt vor allem auf lokaler Ebene noch Forschungspotential (vgl. Von Reeken 2008, 8). Bernd Schönemann nennt als ein Desiderat des Forschungsfeldes Geschichtskultur die Erforschung von deren Geschichte in Form von „Synthesen mittlerer Reichweite". Zu dieser Aufgabe zählt er den Vergleich lokaler Geschichtskulturen, die Untersuchung von Genese, Struktur und Funktion regionaler Erinnerungslandschaften sowie sozialgruppenspezifischer Vergangenheitskonstruktionen in ihrer Eigenlogik und Abgrenzung nach außen (Schönemann 2002, 82 f.).

Rezeptionsforschung als Desiderat

Ein weiteres Desiderat betrifft die Rezeptionsforschung. Denn über die konkrete Wirkung und Wahrnehmung von Denkmälern nach ihrer Errichtung wissen wir in vielen Fällen noch immer sehr wenig, wohingegen wir über den Zeitraum von der Denkmalsidee über die Entstehung des Monuments und dessen Einweihung oftmals gut informiert sind.

3.3 Empirische Befunde zur Rezeption von Denkmälern

Bisherige Rezeptionsstudien zum Berliner Denkmal für die ermordeten Juden Europas

Die Auswirkungen des geschichtskulturellen Denkmalbooms auf schulische Lernprozesse sind noch weitgehend unklar. Denn empirisch wissen wir relativ wenig über den Umgang mit Denkmälern. Zu einzelnen Monumenten (Thünemann 2005) oder Typen (Dräger 2017a) gibt es Studien zur geschichtskulturellen Rezeption. Die Rezeptions- und Besucherforschung speziell zu Schulklassen steckt aber noch in den Kinderschuhen. Lediglich für das Berliner Denkmal für die ermordeten Juden Europas existieren zwei Untersuchungen.

Christian Saehrendt befragte zwischen Mai und Juli 2006 über 800 Schülerinnen und Schüler aus Gymnasien Real-, Haupt- und Berufsschulen per Fragebogen dazu, wie das Denkmal auf sie wirkte, welche Emotionen seine Architektur bei ihnen auslöste und wie sie den Denkmalsbesuch insgesamt empfanden. Er kommt zu dem Ergebnis, dass die Rezeption des Denkmals von mehreren Faktoren abhängt – nämlich der Vorbereitung des Besuchs durch die Lehrkraft, zielgruppenspezifische Führungen, der Nachbereitung des Besuchs (am besten vor Ort), dem Klassenklima und der damit verbundenen sozialen Dynamik der Lerngruppe sowie der emotionalen und gedanklichen Offenheit des Individuums (Saehrendt 2007, 756).

Typologie

Eine weitere Studie zur Frage, wie Schülerinnen und Schüler ein Denkmal wahrnehmen, hat Marion Klein am Beispiel desselben Monuments vorgelegt. Sie kommt nach der Auswertung von acht von ihr durchgeführten Gruppendiskussionen mittels der dokumentarischen Methode im Ergebnis zu drei unterschiedlichen Umgangsformen mit diesem Monument. Der erste Typus, der vor allem von männlichen Gymnasiasten vertreten wird, ignoriert die gesellschaftliche Erwartung, mit dem Denkmal und der ihm zugrunde liegenden historischen Thematik Gefühle von Trauer und Schuld zu verbinden, da ihm für das Empfinden solcher Emotionen der erforderliche Bezug zur eigenen Erfahrungswelt fehlt. Vertreter dieses Typus des „Gedenkens ohne Trauer" nähern sich kognitiv dem Denkmal als Kunstwerk und machen eine überwiegend ästhetische Erfahrung. Gleichwohl gelingt ihnen ein emotionaler Brückenschlag zu Gefühlen jenseits der als nicht authentisch empfundenen Trauer, wo ästhetische Bezüge zum eigenen Erfahrungsraum hergestellt werden können.

Der zweite Typus („Trauer ohne Gedenken") ist durch Nostrifizierung gekennzeichnet. Bei Angehörigen dieser Gruppe tritt das historische Geschehen zu Gunsten eigener Erfahrung stark in den Hintergrund. Fremde Erfahrungen werden entkontextualisiert und zum Teil in den eigenen Erfahrungsraum übernommen, ihm angepasst und quasi „einverleibt".

Der dritte Typus lässt sich als „Trauer durch Gedenken" bezeichnen. Ihm gehören vor allem Gymnasiastinnen an und er ist der einzige Typus, dem eine sinnvolle Verknüpfung von Alltagserfahrung und Sachwissen gelingt. Der emotionale Zugang zum Denkmal und die gesellschaftlich erwarteten Emotionen wie Trauer und Schuld erscheinen seinen Vertreterinnen legitim, zu seiner Verwirklichung werden mittels Perspektivenübernahme historische Wissensbestände mit Alltagserfahrungen verknüpft/verbunden (Klein 2012, 347–351).

Neben der Feststellung von geschlechtsspezifisch präferierten Zugängen zur Thematik ist außerdem der Befund von Bedeutung, dass Schülerinnen und Schüler unterhalb des gymnasialen Bildungsniveaus erhebliche Schwierigkeiten mit der Rezeption eines Denkmals als ästhetisch gestalteter Repräsentation haben. Außerdem ist die Spannweite sowohl innerhalb eines Typus als auch vor allem zwischen ihnen auffällig. Die Bandbreite reicht von emotionalen historischen Analphabeten über kognitive Ästheten bis hin zu geschichtsbewussten Monumentalisten. All dies lässt Binnendifferenzierung im Hinblick auf Aufgabenstellungen, Niveaus und Zugänge bei der Behandlung von Denkmälern im Geschichtsunterricht dringend geboten erscheinen.

4. Unterrichtspraxis: Methodische Möglichkeiten und Beispiele

Die hier vorgestellten Methoden erläutern, wie man Denkmäler sinnvoll in den Geschichtsunterricht einbinden kann. Um den Methodenteil als Nachschlagewerk zu nutzen, sind die Informationen der Vollständigkeit halber bisweilen redundant. Vorschläge wie z.B. ein Archivbesuch werden daher mehrfach angeführt, da sie sowohl bei der Recherche der Rezeptionsgeschichte eines Denkmals sinnvoll sind als auch beim Verfassen eines Zeitungsartikels über ein Denkmal oder der Konzeption einer Ausstellung etc. Die hier vorgestellten Methoden sind dabei als Impulse zu verstehen, die genau so im Unterricht eingesetzt werden können, aber selbstverständlich auch abgewandelt und an die individuellen Bedürfnisse der Lerngruppe, des Denkmals, der örtlichen Gegebenheiten etc. angepasst werden können.

4.1 Denkmalserkundung

Autopsie

Ein Denkmal sollte nach Möglichkeit am besten selbst in Augenschein genommen werden, um es zu erkunden. Denn nur so können seine Dimensionen, seine Umgebung und seine Wirkung erfasst werden. Im Vorfeld des Unterrichtsgangs sollten sowohl die Erziehungsberechtigten darüber informiert als auch das Vorhaben selbst von der Schulleitung genehmigt werden.

Möglicher Ablauf

Zunächst sollte die Ikonographie des Monuments möglichst genau beschrieben und erschlossen werden. Dafür bietet sich ein Steckbrief an, der die grundlegenden Informationen des Denkmals erfasst und den Lernenden den strukturierten Umgang mit dieser Sachquelle ermöglicht. Die Erkundung des Denkmals und seiner Umgebung kann ggf. auch arbeitsteilig erfolgen, indem z.B. eine Gruppe sich auf das Monument selbst fokussiert und eine andere die Umgebung des Denkmals zeichnerisch oder fotographisch dokumentiert. Die Analyse und Auswertung kann bei gutem Wetter vor Ort stattfinden, sie kann aber auch im Klassenraum erfolgen. Letzteres ist in den Fällen vorteilhaft, wenn zur Dechiffrierung des Denkmals auf Experten wie z.B. Denkmalpfleger, Kustoden oder Pfarrer bzw. auf weitere Materialien wie z.B. Lexika oder Literatur zurückgegriffen werden muss.

Je nach Lernziel und Zeitbudget kann es bei einem einmaligen Besuch des Denkmals bleiben, es kann aber auch mehrfach zu verschiedenen Tages- oder Jahreszeiten aufgesucht werden, um unterschiedliche „Stimmungen" und Wirkungen des Denkmals zu erfassen. Des Weiteren kann die Denkmalserkundung mit einem (daran anschließenden) Archivbesuch verbunden werden. Die Archivarbeit kann sowohl der Rekonstruktion der Entstehungsgeschichte (Baupläne des Denkmals, Spendenaufrufe der Initiatoren, Einweihungsfeierlichkeiten etc.) als auch der Rezeptionsgeschichte (jährliche Versammlungen, Umbauten und Ergänzungen, räumliche Verlagerung des Denkmals, evtl. Vandalismus, Kritik etc.) des Denkmals dienen und dem Monument eine historische Tiefenschärfe verleihen, die seinen Wandel und Bedeutungsverlust oder -anstieg ebenso sichtbar werden lässt wie gesellschaftliche und politische Veränderungen.

4.2 Einen Fragebogen für eine Denkmalserkundung entwickeln

Mögliche Leitfragen

Statt mit einem vorgefertigten Steckbrief zu arbeiten, können die Lernenden unter Anleitung der Lehrkraft auch selbst einen Fragebogen für das Denkmal entwickeln. Folgende Fragen und Aspekte sollten dabei berücksichtigt werden (in Anlehnung an Thünemann 2008, 201 f.):

- Wann wurde das Denkmal gebaut?
- Aus welchem Grund/Anlass wurde es errichtet?
- Wem ist das Denkmal gewidmet?
- An wen oder was sollte es erinnern?
- An wen war es ursprünglich adressiert?
- Wer hat sich für die Errichtung des Denkmals eingesetzt?

- Wer war gegen die Errichtung des Denkmals?
- Welche Mittel setzten bestimmte Gruppen ein, um das Ziel der Denkmalsetzung zu erreichen bzw. zu verhindern?
- Welche (persönlichen) Motive und Zwecke verbanden sich mit dem Denkmal?
- Gab es alternative Denkmalentwürfe?
- Wer trug die Verantwortung für die Auswahl zwischen verschiedenen künstlerischen Entwürfen, sofern es mehr als einen Entwurf gab?
- Welcher Künstler bzw. Handwerker wurde mit der Ausführung beauftragt und warum?
- Wer trug die politische Verantwortung für die Errichtung des Denkmals?
- Wer hat das Denkmal künstlerisch gestaltet?
- Um welchen Denkmaltyp handelt es sich?
- Welche künstlerischen Formelemente und Symbole weist das Denkmal auf?
- Was bedeuten diese Symbole?
- Warum wurden andere Entwürfe abgelehnt, falls es sie gab?
- Welche Geschichte hat das Denkmal seit seiner Errichtung?
- Steht das Denkmal noch am ursprünglichen Ort, oder wurde es versetzt, und wenn ja, aus welchen Gründen?
- Wie wurde und wird das Denkmal von der Bevölkerung rezipiert?
- Wurden Teile des Denkmals im Nachhinein entfernt, oder wurde das Denkmal um weitere Elemente ergänzt?
- Wurde das Denkmal umgewidmet?
- Welcher Funktionswandel lässt sich feststellen?

4.3 Ein Denkmal analysieren und interpretieren

Fragenkatalog für eine Denkmalsanalyse

Wenn aus organisatorischen oder aus Zeitgründen keine Exkursion zum Denkmal möglich ist, kann das Denkmal natürlich auch anhand von entsprechendem Bild- oder Videomaterial im Klassenraum analysiert und interpretiert werden. Folgende Fragen sind dabei hilfreich (in Anlehnung an Schneider 1989, 58):

- Wo steht das Denkmal (z.B. im Zentrum der Stadt, auf einem großen Platz, auf einer Anhöhe vor der Stadt, am Stadtrand, auf einem Friedhof, auf einem Privatgrundstück, ...)?
- Was könnte mit dem Standort beabsichtigt sein (z.B. ständige Präsenz im Alltag, Gemeinsamkeit von Zivil- und Kriegstoten, Ruhe in der Natur ...)?
- Lässt sich das Denkmal noch genauer spezifizieren (z.B. Mahnmal, Ehrenmal, ...)?
- Welche äußere Form bzw. künstlerische Gestalt hat das Denkmal (z.B. Plastik, Säule Obelisk, Kubus, Tafel, ...) und was könnte dies bedeuten?
- Welche Symbole und Allegorien werden verwendet und welche Ideen sind ihnen inhärent?
- Was sagen die Inschriften aus? Wer wird von ihnen angesprochen?
- Welche Veränderungen haben im Laufe der Zeit stattgefunden? Lassen sich diese auf gesellschaftliche und politische Veränderungen zurückführen und, wenn ja, auf welche?
- Lässt sich ein Wandel in der öffentlichen Funktion und Rezeption des Denkmals feststellen?
- Wie wirkt das Denkmal auf mich? Welche Assoziationen, Emotionen und Interpretationen weckt es in mir?

Offenes Diskussionsklima

Die Interpretationen sollten ergebnisoffen sein, d. h. Schülerinnen und Schüler sollten nachdrücklich zu eigenen Interpretationen aufgefordert werden und Schülerlösungen sollten nicht vorschnell als falsch klassifiziert und zurückgewiesen werden, sondern diskutiert und reflektiert werden. Erst so kann wirkliche Multiperspektivität auf der Ebene der heutigen Betrachter entstehen, ebenso lassen sich mit der visuellen Deutungsoffenheit von Denkmälern zahlreiche Kontroversen über einzelne Monumente erklären.

Tendenzen zu sozial erwünschten oder gar erwarteten Antworten kann dadurch entgegengewirkt werden, dass man den Lernenden verschiedene Deutungen eines Denkmals präsentiert und von ihnen Stellungnahmen einfordert (vgl. Thünemann 2011, 105 f.).

4.4 Ein Denkmalsquartett erstellen

Denkmäler als Kartenspiel

Gerade in den unteren Klassenstufen ist es eine beliebte Möglichkeit, mit basalen Informationen von Denkmälern ein Kartenspiel erstellen zu lassen und dann „Denkmalsquartett" zu spielen. Mag auf den ersten Blick der spielerische Charakter im Vordergrund stehen, so sind doch auch Lerneffekte nicht von der Hand zu weisen. Die Schülerinnen und Schüler setzen sich auf diese Weise nämlich spielerisch mit ihrer geschichtskulturellen Lebenswelt auseinander und lernen die Präsenz historischer Objekte im Alltag kennen indem sie ihr Alter, ihren Standort und ihr Thema benennen.

Mögliche Kategorien lauten: Alter, Einweihungsdatum, Baujahr, Größe, Gewicht, Kosten, Anzahl der Personen, an die erinnert wird, Standort, (Anzahl an) Symbole(n), (Länge der) Inschrift, etc. Der Phantasie sind hier kaum Grenzen gesetzt, um ein solch handlungs- und produktorientiertes Kartenspiel zu erstellen.

4.5 Ein Wissensquiz erstellen

Sachwissen und zugleich geschichtskulturelle Kompetenz erwerben

Ein Wissensquiz mit den Lernenden zu den Denkmälern ihres Heimatortes zu erstellen, stellt eine weitere Möglichkeit dar, Denkmäler im Geschichtsunterricht zu thematisieren. Auch wenn dies vordergründig nach der Abfrage oberflächlicher Sach- und Faktenkenntnisse aussieht, so handelt es sich hierbei doch – gerade in den unteren Klassen – um eine Verknüpfung von Geschichtsunterricht und Lebenswelt; schulische Inhalte und geschichtskulturelle Elemente der Alltagswelt werden miteinander in Beziehung gesetzt, umgewälzt und vertieft. Oftmals ergeben sich gerade daraus weiterführende Fragen und Anknüpfungsmöglichkeiten (Warum wurde gerade für diese Person bzw. für dieses Ereignis in jenem Jahr an dieser Stelle ein Denkmal errichtet?) Außerdem schärft diese Vorgehensweise den Blick für die Historizität der eigenen Lebenswelt und ermöglicht den Lernenden eine kompetente Teilhabe an Geschichtskultur.

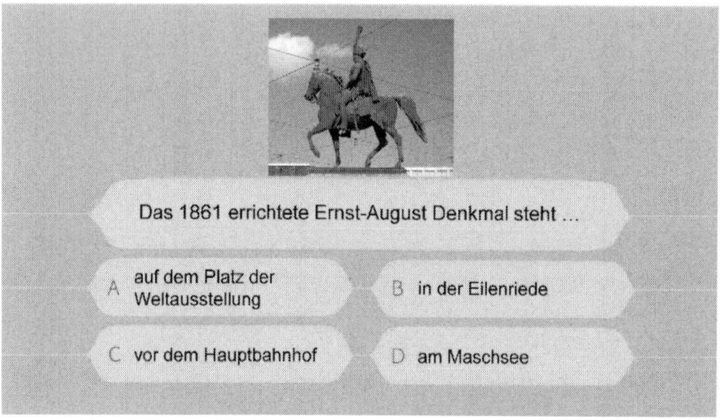

Abb. 11: Beispiel für eine lokalgeschichtliche Quizkarte zu Denkmälern in Hannover (Foto: Clemensfranz, CC BY-SA 4)

4.6 Eine Anwohnerbefragung durchführen

Die Rezeption eines Denkmals selbst erforschen

Der Schriftsteller Robert Musil hat behauptet, dass nichts so unsichtbar sei wie ein Denkmal. Die Lernenden können diese Behauptung überprüfen, indem sie Anwohner oder Passanten nach ihrem Wissen über ein bestimmtes Denkmal, ihre Einstellung dazu oder Bewertung davon befragen. Das kann mit einem Fragebogen oder als Interview geschehen. Auf diese Weise eruieren die Schülerinnen und Schüler zugleich, wie es um das Geschichtsbewusstsein in der lokalen Gesellschaft bestellt ist. Darüber weiß man allerdings empirisch bislang noch sehr wenig.

4.7 Einen Stadtrundgang erstellen

Eine alternative Stadtführung erarbeiten

Die Themenpalette von Stadtführungen ist jenseits des klassischen Angebots zu berühmten Personen und Orten einer Stadt mittlerweile wesentlich breiter geworden, sogar historische Spezialinteressen werden berücksichtigt und angeboten. So bietet es sich daher an, die Geschichts- und Erinnerungskultur einer Stadt anhand ihrer Denkmäler (oder einer Auswahl davon) zu thematisieren. Die Schülerinnen und Schüler tragen zu einzelnen Denkmälern denk- und „merk“würdige Aspekte ebenso zusammen wie Anekdoten und rezeptionsgeschichtliche Zeugnisse, entwickeln eine

Route sowie eine „Story", die die Monumente miteinander verbindet.

Präsentationsmöglichkeiten

Die Lernenden können diese Informationen dann „live" in Form einer Führung präsentieren oder aber virtuell, indem sie eine Homepage gestalten, auf der Bilder und Texte ebenso wie Audio- und Videodateien hinterlegt und abrufbar sind. Die Programmierung einer App oder die Erstellung eines Audioguides bietet sich ebenfalls an.

In Zusammenarbeit mit der örtlichen Tourismuszentrale kann auch eine entsprechende Broschüre erstellt werden. Dieser „Denkmalführer" bündelt die Informationen zu den Monumenten und beinhaltet ggf. mehrere Routen, indem er entweder zeitliche Schwerpunkte auf einzelne Epochen der Stadtgeschichte legt oder einzelne Stadtteile fokussiert.

4.8 Interviews mit Experten der Denkmalpflege führen

Ein Experteninterview führen

Die Perspektive der Denkmalpflege kommt im Geschichtsunterricht bisweilen leider zu kurz bzw. oftmals auch gar nicht vor. Dabei können Interviews mit Experten der Denkmalpflege interessante Impulse geben und den Unterricht dadurch bereichern, dass Aspekte wie Konservierungsmöglichkeiten, die Anzahl der betreuten Denkmäler, die Unterhaltungs- bzw. Erhaltungskosten dieser Kulturgüter sowie Entscheidungen über den Denkmalwert thematisiert werden. Mögliche Experten sind Denkmalpfleger, Kunsthistoriker, Archäologen, Restauratoren, Bauforscher und Architekten.

4.9 Interviews mit Denkmalinitiatoren führen

Denkmalsinitiatoren befragen

Bei der Recherche zu Denkmälern passiert es oft, dass Namen von Personen immer wieder auftauchen, weil sie sich vehement für die Errichtung eines Denkmals engagier(t)en. Zu ihnen kann man Kontakt aufnehmen und sie als Zeitzeugen um ein Interview bitten. Neben den obligatorischen Fragen zu Person und Biographie bietet es sich vor allem an, sie nach ihren Motiven für ihr Engagement zu befragen, zu ihren Erfahrungen während der Auseinandersetzungen um die Errichtung und schließlich rückblickend zu den Konsequenzen und Bewertungen nach der Errichtung. Auf diese Weise erhalten die Lernenden mittels Oral History Hintergrundinformationen, die sich meistens nicht in der archivalischen Überlieferung niedergeschlagen haben und lernen zugleich, dass solche Prozesse des Denkmalstreits nichts Abstraktes sind, sondern dass sie von geschichtsbewussten Individuen initiiert werden. Damit gewinnen sie sowohl Einsicht in den Konstruktcharakter von Geschichte als auch in die Wandelbarkeit von Geschichtsbewusstsein und Geschichtskultur.

Denkmalsgegner befragen

Natürlich können solche Interviews auch mit Personen geführt werden, die sich – erfolgreich oder nicht – gegen die Errichtung eines bestimmten Denkmals eingesetzt haben. Erfahrungsgemäß ist hier allerdings seltener eine solche Gesprächsbereitschaft gegeben.

Damit erhalten die Lernenden zugleich einen Einblick in historische Denkprozesse anderer Individuen. Deren individuelle Lebenserfahrung und Werteorientierung werden mit politischem Handeln in Beziehung gesetzt; individuelle Haltungen und Handlungen werden in Denkmälern konkretisiert und sichtbar. Voraussetzung dafür ist allerdings, dass die Interviewpartner außer zu den Fakten auch bereitwillig Auskunft über sich selbst sowie die eigenen Werte geben und ihre eigene Identität bzw. ihren Werdegang reflektiert haben.

4.10 Rezeptionsgeschichte recherchieren und präsentieren

Rezeptionsgeschichte erforschen und darstellen

Zur Rezeptionsgeschichte eines Denkmals gehört sowohl seine historische Nutzung seit der Einweihung als auch die gegenwärtige. Sie beinhaltet sowohl die „Feiertagsrolle“ des Denkmals bei regelmäßig wiederkehrenden Gedenkveranstaltungen als auch seine „Alltagsrolle“. Beide können erheblich voneinander abweichen. Auch diachron können mittlerweile andere als die ursprünglichen Intentionen im Vordergrund stehen; Selbstbestätigung, Selbstvergewisserung, politische Inanspruchnahme, wirtschaftliche Interessen oder touristische Aspekte können das Gedenken inzwischen überlagert haben und es dominieren.

Archivarbeit

Die Recherche der Rezeptionsgeschichte eines Denkmals geschieht zum einen durch Archivarbeit. Neben den staatlichen kommunalen Archiven kommen – je nach Denkmal – auch andere Archive in Betracht. Bei Kriegerdenkmälern, an oder in Kirchen oder auf Friedhöfen können auch kirchliche Archive zu Rate gezogen werden. Auch Vereine und Verbände archivieren oft ihre Geschichte, sodass sich auch dort Anfragen lohnen. Diese und andere Privatarchive werden von Ehrenamtlichen oft liebevoll und mit großem Engagement gepflegt. Bisweilen harren dort noch echte Schätze ihrer Entdeckung, die gehoben werden können. Anhand der Archivalien lassen sich Fragen zu Veranstaltungen am Denkmal, zu seinem Stellenwert im lokalen Gedächtnis, zu seiner Popularität in Form von Devotionalien etc. beantworten. Archivrecherchen sind bei anspruchsvolleren und komplexeren Unterrichtsvorhaben (nahezu) unerlässlich. Weder Schulbücher noch Beiträge in Unterrichtszeitschriften bieten auch nur annähernd hinreichendes Material und publizierte Materialen zu einzelnen Denkmälern sind sehr selten.

Zum anderen sollten diese Forschungen durch eigene Anschauung des Denkmals und/oder Befragung von Anwohnern bzw. Passanten ergänzt werden, um mehr über die „Alltagsrolle" dieses Objekts zu erfahren, ob es z.B. auch abseits der Gedenktage in einem gepflegten Zustand oder eher verwahrlost ist.

Präsentationsmöglichkeiten

Die aufbereiteten Ergebnisse der Recherche können auch dann präsentiert werden – sei es klassen- oder schulintern oder extern z.B. im Rathaus oder Stadtmuseum. Angesichts der Komplexität von Recherche, Auswertung und Aufbereitung bzw. Darstellung ist solch anspruchsvolle Projektarbeit sicherlich eher in der Sekundarstufe II zu realisieren. Der große Zeitbedarf dafür lässt sich am besten in einem sogenannten Seminarfach unterbringen, in dem die Lernenden propädeutisch an wissenschaftliches Arbeiten herangeführt werden und eine Facharbeit verfassen.

4.11 Denkmäler vergleichen

Die Geschichtswissenschaft hat Denkmäler sowohl national als auch international in vergleichender Perspektive erforscht, um Gemeinsamkeiten und Unterschiede verschiedener Gemeinschaften im Umgang mit der Vergangenheit sowie der Erinnerung an sie festzustellen (vgl. Tacke 1995, Thünemann 2005). Vergleiche von Denkmälern können auch im Unterricht sinnvoll durchgeführt werden. Der Untersuchungsradius muss dabei gar nicht so groß gewählt sein, ein lokaler oder regionaler Fokus genügt völlig.

Abb. 12: Über 750 Bismarck-Denkmäler erinnern bis heute an den ehemaligen „Reichsgründer". Das Hamburger Exemplar gilt mit über 34 Metern Höhe als das größte Denkmal für Otto von Bismarck. Zu seinen Ehren wurden auch Türme und Säulen errichtet. (Foto: Bejo, CC BY-SA 3.0)

In vielen Städten stehen bis heute meist mehrere Kriegerdenkmäler, die unterschiedlich gestaltet und rezipiert wurden bzw. werden. Auch die zahlreichen Bismarck-Denkmäler bieten sich für einen Vergleich dahingehend an, lokal unterschiedlich akzentuierte Aspekte des Gedenkens an den Reichsgründer herauszuarbeiten (Seele 2005). Bei Klassen- und Kursfahrten ins Ausland bietet es sich ebenfalls an, den Besuch einschlägiger (National-)Denkmäler mit den entsprechenden Pendants zu kontrastieren und die deutschen Gegenstücke (Bemmann 2007) zuvor im Unterricht analysiert zu haben.

Mögliche Vergleichsobjekte

4.12 Ein Kooperationsprojekt initiieren und durchführen

Denkmalsvergleiche müssen nicht auf die eigene Ortschaft beschränkt bleiben, im Rahmen von nationalen oder internationalen Schulpartnerschaften können sie auch kooperativ an verschiedenen Orten durchgeführt werden. Die (Zwischen-)Ergebnisse können dank Digitalisierung mit eTwinning und Lernplattformen relativ mühelos kommuniziert und miteinander in Beziehung gesetzt werden. Um ein solches Projekt durchzuführen, können bestehende Kontakte genutzt oder neue geknüpft werden. Nach der Kontaktaufnahme sollten gemeinsame Ziele sowie ein Zeitplan erstellt werden, ebenso sollte man sich auf eine bestimmte Denkmalsgattung (z.B. Kriegerdenkmäler, Bismarck-Denkmäler oder Denkmäler für eine bestimmte Opfergruppe des Nationalsozialismus) einigen. Die Forschungen erfolgen dann jeweils separat, (Zwischen-)Ergebnisse werden digital kommuniziert und präsentiert, z.B. als Chat, per Videokonferenz oder auf einer Homepage.

Kooperative Lern- und Arbeitsformen

Neben dem thematischen Inhalt wird bei dieser Methode sehr viel Wert auf das kooperative Lernen gelegt; die Lernenden schulen gleichermaßen fachliche wie soziale und kommunikative Kompetenzen. Auch diese Arbeitsweise ist aufgrund der Dokumentation und notwendigen Koordination überaus komplex. Gleichwohl wirkt die gemeinsame Arbeit sowie die damit einhergehende Verantwortung für die Einhaltung von Terminen zur Präsentation der Arbeitsergebnisse meist sehr motivierend. Darüber hinaus erfahren die Lernenden durch diesen Blick „über den Tellerrand" Gemeinsamkeiten, Unterschiede und Spezifika von lokal verschiedenen Geschichtskulturen.

Portale zur Kontaktaufnahme mit anderen Schulen
www.ups-schulen.de
www.bildungsserver.de
www.schulweb.de
www.lehrer-online.de
www.austausch-macht-schule.org
www.partnerschulnetz.de
www.pasch-net.de

4.13 Eine Denkmalslandschaft untersuchen

Denkmalensembles analysieren

Außer einzelnen Denkmälern kann auch eine lokale oder regionale Denkmalslandschaft untersucht werden (vgl. Twickler 2016, Dräger 2018b). Dabei gehen die Lernenden der Frage nach, wo und aus welchen Gründen in der Stadt Denkmäler ggf. gehäuft auftreten, wann sie jeweils entstanden sind und wie sich die Denkmalslandschaft entwickelt hat, ob sie inhaltlich, räumlich oder gestalterisch aufeinander Bezug nehmen oder nicht, ob es Wechselwirkungen zwischen ihnen gibt, wie das Ensemble auf den Betrachter wirkt, welche – kohärenten oder widersprüchlichen Botschaften – das Ensemble sendet, welche Auswirkungen politische, soziale und städtebauliche Veränderungen auf die Denkmalslandschaft hatten etc.

4.14 Denkmalsdebatten und -konflikte simulieren

Denkmäler als Streitobjekte

Die Errichtung von Denkmälern war selten unstrittig (vgl. Neue Gesellschaft für Bildende Kunst 1995). Im Gegenteil, oftmals wurde und wird heftig darüber gestritten, ob ein Denkmal für diese Person oder jenes Ereignis überhaupt nötig oder gar sinnvoll ist, wo es errichtet werden soll, wie groß und teuer es werden darf etc. (Dräger 2013a, Dräger 2013b, Dräger 2014). Derartige Konflikte lassen sich ebenfalls simulieren und in Form eines historischen Rollenspiels nachstellen. Entsprechende Materialien können in kommunalen Archiven ebenso recherchiert werden wie auf den Leserbriefseiten von Tageszeitungen, um möglichst viele verschiedene Positionen und Argumente abzubilden. Die Lernenden schlüpfen dann in die Rolle der historischen Akteure und spielen den Konflikt nach, indem sie z.B. die Sitzung eines Stadtrates simulieren und dort über die Entscheidung für oder gegen ein Denkmal diskutieren. Die Debatte kann dahingehend modifiziert und differenziert werden, dass auch Fragen nach dem Standort, nach der Auftragsvergabe bzw. dem Wettbewerbsverfahren (offener oder geschlossener Wettbewerb) oder schon bereits vorliegenden Denkmalsentwürfen thematisiert werden. Ebenso möglich ist es, die Debatte als öffentliche Podiumsdiskussion zu gestalten. Dort können außer politischen Akteuren auch interessierte Bürger, Interessenverbände wie z.B. Vertreter von Opfergruppen sowie Experten (z.B. Historiker oder Denkmalpfleger) zu Wort kommen, Stellungnahmen abgeben und miteinander diskutieren und abschließend eine Entscheidung treffen.

Aspekte einer Simulation

4.15 Denkmalsdebatten und -konflikte analysieren und kommentieren

Ebenfalls möglich ist ein neutralerer Umgang mit derartigen Debatten und Konflikten, nämlich in Form der Analyse. Die Schülerinnen und Schüler können die Rolle unbeteiligter Beobachter einnehmen und über die Kontroverse journalistisch berichten. Dazu verfassen sie einen Bericht, der folgende Aspekte berücksichtigen sollte:

Was waren Ursachen und Anlass der Auseinandersetzung?

Fragenkatalog

- Wer waren die Beteiligten?
- Welche Seite vertrat welche Argumente und Positionen?
- Welche Interessen und Ideologien steckten dahinter?
- Wer setzte seine Position wie durch?
- Welche Folgen hatte das?
- War alles unumstritten oder gab es strittige Punkte, auf die man sich in einem Kompromiss einigen konnte? Was war danach noch Streitpunkt?
- Wie lange dauerte der Konflikt insgesamt von seiner Entstehung bis zur Lösung?
- Wie bewerteten die Unterlegenen die gefundene Lösung?

- Reicht der Konflikt bis in die Gegenwart? Schwelt er noch immer?

Neben neutraler Analyse und sachlicher Berichterstattung sind auch wertende journalistische Textsorten wie z.B. Glosse oder Kommentar möglich.

4.16 Ein bestehendes Denkmal umgestalten oder ergänzen

Nicht nur die Errichtung neuer Denkmäler verläuft oft überaus kontrovers, sondern auch an bereits bestehenden Denkmälern können sich Debatten über die Denkmalwürdigkeit des Dargestellten und zu Erinnernden sowie die Botschaft des Denkmals entzünden. Grundsätzlich gibt es drei Optionen für den Umgang mit derartigen, obsoleten Monumenten:

Umgestaltung eines kritisierten Denkmals

Ergänzung des bestehenden Denkmals durch erklärende und kontextualisierende Zusätze (meist in Form einer Tafel), Gegendenkmal oder Denkmalsturz. Die Lernenden erläutern bei der ersten Variante die ursprüngliche Botschaft des als unzeitgemäß empfundenen Denkmals in ihrem historischen Kontext ebenso wie die gegenwärtigen Gründe für eine anderslautende Bewertung des Denkmals und halten dies schriftlich fest, sodass ihr Text als Grundlage für eine ergänzende Informationstafel dienen kann.

Bis heute besonders geeignet für derartige Ergänzungen sind Kriegerdenkmäler, die Krieg und Opfertod verherrlichen (vgl. Thron 2012 und Thron 2013). Auch Vertriebenendenkmäler mit ihren zum Teil revisionistischen Forderungen kommen dafür in Frage (vgl. Scholz 2015). Schulen oder einzelne Lerngruppen können sich auf diese Weise an lokalen Diskursen beteiligen oder ihn in Gang bringen, indem sie öffentlich auf die diesen Denkmälern inhärente Problematik hinweisen und einen Umgestaltungs- bzw. Ergänzungsvorschlag unterbreiten.

4.17 Ein (Gegen-)Denkmal entwerfen und gestalten

Eine weitere Option neben der Kommentierung eines bestehenden Denkmals mittels einer den historischen Kontext erläuternden Tafel besteht in der eigenständigen Gestaltung eines (Gegen-)Denkmals (vgl. Thron 2012 und Thron 2013). Solche Entwürfe der Schülerinnen und Schüler können entweder aktuelle Debatten aufgreifen, in denen die Botschaft eines Denkmals als anachronistisch empfunden und daher ihre Kontrastierung mit einem Gegendenkmal gefordert wird. Oder aber die Lernenden entwerfen ein Denkmal, über dessen Realisierung ohnehin gerade lokal, regional oder national diskutiert wird und beteiligen sich auf diese Weise so an der geschichtskulturellen Auseinandersetzung. Eventuell existieren sogar offizielle Wettbewerbsunterlagen und Ausschreibungsbedingungen, die den Lernenden an die Hand gegeben werden können und die sie bei der Gestaltung ihres Denkmals berücksichtigen müssen.

Ein reales oder fiktives Gegendenkmal gestalten

Der Phantasie und Produktivität der Lernenden sind dabei kaum Grenzen gesetzt. Die Palette dieser handlungs- und produktorientierten Vorgehensweise reicht von Beschreibungen möglicher Monumente in Textform über Skizzen und Zeichnungen bis hin zu rundplastischen Darstellungen, Modellen und Computeranimationen. Dieser Ansatz berücksichtigt vor allem die ästhetische Dimension von Geschichte und Geschichtskultur; hierbei bietet sich eine Zusammenarbeit mit dem Fach Kunst an.

4.18 Denkmalstürze diskutieren

Politische Denkmäler sind nämlich „gewollte Denkmäler". Sie spiegeln das Verständnis der Herrschenden von Politik, Gesellschaft und Geschichte wider. Außerdem dienen sie der Legitimation und Stabilisierung von Herrschaft, sie sind ein probates Mittel der Selbstdarstellung. In autoritären oder diktatorischen Systemen werden Denkmäler – und mit ihnen Geschichtsbilder – von oben verordnet. Beim Sturz solcher Systeme verlieren auch derartige Denkmäler sowohl ihre Funktion als auch ihre Existenzberechtigung.

Denkmalstürze als Zeichen von Wandel

Denn Denkmalstürze vollziehen einen radikalen Bruch mit der Vergangenheit. Sie ereignen sich in Phasen des politischen und sozialen Umbruchs und sind ein Zeichen für die nicht mehr vorhandene Akzeptanz eines Denkmals und des durch es repräsentierten historischen Identifikationsangebots. Die bis dato im Monument tradierte Interpretation der Vergangenheit ist plötzlich brüchig und ungültig geworden; die Kritik daran vollzieht sich im Denkmalsturz. Der Historiker Winfried Speitkamp bewertet Denkmalstürze positiv, weil sie seiner Ansicht nach kein Ausdruck für die Vernichtung von Geschichte, sondern für die Auseinandersetzung mit ihr seien. Sie stünden beispielhaft für einen reflektierenden Umgang mit der Vergangenheit und seien ein legitimer Ausdruck von Geschichtskultur (vgl. Speitkamp 1997, 19).

Weite Teile der historischen Forschung üben jedoch heftige Kritik an dieser ikonoklastischen Form der Vergangenheitsbewältigung. Sie bemängeln den Bildersturm als geschichtsunbewussten Umgang mit der Vergangenheit und beklagen den Verlust historischer Zeugnisse, der die Vergangenheit selbst trotzdem nicht ungeschehen mache.

Legitimität von Denkmalstürzen diskutieren

Eine problemorientierte Herangehensweise bietet die Thematisierung von Denkmalstürzen an. Hierbei stellt sich sowohl die Frage nach der grundsätzlichen Legitimität dieses Vorgehens, speziell im Vergleich zu den beiden anderen o. g. Möglichkeiten, als auch nach den Motiven konkreter Denkmalstürze und ihrer Initiatoren. Denkmalstürze werden besonders in Zeiten des politischen Umbruchs diskutiert und sind symptomatisch für einen Systemwechsel. Diese historischen Phasen sind daher besonders für die Untersuchung dieses Phänomens geeignet. Im Zuge von Mauerfall und Wiedervereinigung standen zahlreiche kommunistische Denkmäler in der ehemaligen DDR zur Diskussion. Ein sehr bekanntes Beispiel ist die Ost-Berliner Lenin-Statue, die 1991 demontiert wurde und deren Abbau dem Spielfilm „Good Bye, Lenin!“ seinen Titel gab. Die Lernenden können solche Debatten im Rahmen von Pro- und Contra-Diskussionen ebenso selbst simulieren wie sie derartige Konflikte auch nachträglich analysieren können.

Einen weiteren interessanten und lernwürdigen Aspekt stellt der postume Umgang mit den Denkmälern dar. Sollen sie zerstört und auf den „Müllhaufen“ der Geschichte geworfen werden, sollen sie in Depots eingelagert werden und ggf. auf eine „zweite Chance“ warten, sollen sie in Museen ausgestellt werden oder soll ein „Friedhof“ für abgeräumte Denkmäler geschaffen werden?

Auch diese Fragen sind aus geschichtskultureller Perspektive im Hinblick auf den Umgang mit der Vergangenheit bzw. ihrer späteren „Entsorgung“ äußerst diskussionswürdig. Sie werden im Übrigen lokal ganz unterschiedlich beantwortet. Die oben erwähnte Lenin-Statue wurde in einzelne Teile zerlegt, die wiederum vergraben wurden. Diese *damnatio memoriae* wurde jedoch in jüngster Zeit zum Teil wieder rückgängig gemacht. Der Kopf der Statue wurde 2015 wieder ausgegraben, er wird seit 2016 in der Dauerausstellung „Berlin und seine Denkmäler“ in der Zitadelle Spandau präsentiert (Theisen 2017).

4.19 Eine Expertenkommission einrichten

Eine Variante zur Podiumsdiskussion stellt die Expertenkommission dar. Dort tauschen sich Fachvertreter unterschiedlicher Disziplinen wie z.B. Historiker, Kunsthistoriker, Künstler, Architekten, Denkmalpfleger, Bausachverständige oder Kulturwissenschaftler – oft unter Beteiligung von (ehemaligen) Politikern und Vertretern zivilgesellschaftlicher Initiativen und Verbände – über den Umgang mit Denkmälern aus. Sie erarbeiten dabei einen oder mehrere Vorschläge, wie man sachgerecht und sinnvoll mit einem umstrittenen Monument umgehen kann oder welcher Denkmalsentwurf aus mehreren Einreichungen bei einem Wettbewerbsverfahren realisiert werden soll.

Rollenspiel

Auch eine solche Kommission können die Lernenden simulieren, indem sie im Rollenspiel exemplarisch den Standpunkt des jeweiligen Experten einnehmen und sie anschließend gemeinsam eine Stellungnahme verfassen, in der die unterschiedlichen Perspektiven der Beteiligten berücksichtigt werden. Je nach Lerngruppe sind dabei verschiedene Differenzierungsstufen möglich. Die Palette reicht dabei von völliger Freiheit bei der Erarbeitung einer Empfehlung bis hin zur Vorgabe genauer Optionen, die diskutiert, erör-

Differenzierungsmöglichkeiten

tert und abgewogen werden sollen. Folgende Varianten sind dabei denkbar für den Umgang mit einem obsoleten Monument: vollständiger Erhalt des Denkmals am ursprünglichen Standort, Umgestaltung des Denkmals (durch Kommentierung, Ergänzung oder Errichtung eines Gegendenkmals), räumliche Verlagerung (meist vom Zentrum in die Peripherie), Einlagerung des Denkmals (und ggf. museale Präsentation) oder Beseitigung bzw. Zerstörung.

4.20 Kommentierung und Bewertung nicht realisierter Denkmalsentwürfe

Denkmalsentwürfe aus Ausschreibungen und Wettbewerben untersuchen

Eine sinnvolle Möglichkeit, Denkmäler im Unterricht zu thematisieren, besteht in der Konfrontation der Lernenden mit (nicht realisierten) Denkmalsentwürfen. Oftmals erfolgen die Ausschreibungen zur Errichtung von Denkmälern in Wettbewerben, in denen sich – je nach Art des Verfahrens – verschiedene Künstler und Architekten mit ihren Entwürfen beteiligen und sich um die Realisierung ihres Entwurfs bewerben. Prominentes Beispiel dafür ist das Berliner Denkmal für die Ermordeten Juden Europas, für das in einem ersten, offenen Wettbewerbsverfahren insgesamt 528 Entwürfe eingereicht wurden, von denen zwei in die engere Wahl kamen. Nach dem Scheitern dieses Verfahrens wurden in einem zweiten, geschlossenen Wettbewerb 25 Entwürfe eingeholt, von denen vier intensiv diskutiert wurden.

Bei bereits erfolgten Bauten können die Lernenden den Siegerentwurf mit den unterlegenen Konzepten vergleichen. Sie können zum selben Ergebnis wie das Preisgericht kommen oder aber einen anderen Entwurf favorisieren, der ihrer begründeten Ansicht nach die Thematik künstlerisch besser umsetzt. Stehen alle Entwürfe noch zur Diskussion bilden die Schülerinnen und Schüler selbst eine Jury, diskutieren die Qualität und künstlerische Umsetzung der historischen Thematik und entscheiden sich schließlich begründet für einen Gewinner.

Oftmals werden die Entwürfe im Nachhinein auch veröffentlicht, sodass entsprechende Materialien zur Verfügung stehen (vgl. Thünemann 2005, 296–299, Bundesamt für Bauwesen und Raumordnung 2009 und 2011 sowie Freie und Hansestadt Hamburg 2014).

4.21 Einen Zeitungsartikel über ein Denkmal verfassen

Angesichts zahlreicher Jahrestage und Jubiläen bietet es sich auch an, einen Zeitungsartikel über ein Denkmal zu verfassen. Er sollte sowohl die Entstehung des Denkmals, eventuelle Konflikte um die Errichtung, die Einweihungsfeierlichkeiten sowie besondere Momente der Rezeptionsgeschichte umfassen, die Veränderungen, Wandlungen und ggf. sogar Brüche im Umgang mit dem Denkmal schlaglichtartig erfassen. Neben der „originalen Begegnung" mit dem Monument empfiehlt sich auch hier ein Archivbesuch, um entsprechende Bild- und Textquellen zu heben, die als Grundlage für den Artikel dienen.

Präsentationsmöglichkeiten

Je nach Umfang und Qualität des Artikels kann er entweder nur in Form einer Wandzeitung im Klassenraum gezeigt werden, eine schulöffentliche Präsentation ist aber ebenso denkbar wie eine tatsächliche Veröffentlichung in einer lokalen Zeitung, sofern Lernende und Lehrkräfte nicht davor zurückscheuen, entsprechende Kontakte und Kooperationen anzubahnen und ggf. die Mühsal des Veröffentlichungsprozesses inkl. redaktioneller Überarbeitung des Artikels auf sich zu nehmen.

4.22 Denkmäler zum Sprechen bringen

Innerer Monolog aus der Perspektive eines Denkmals

Eine besonders kreative Methode besteht darin, sich in das Denkmal hineinzuversetzen und dessen Gedanken in Form eines inneren Monologs zu verfassen.

- Was denkt das Denkmal z.B. über seine Initiatoren, über Passanten und Anwohner, über regelmäßige Veranstaltungen zu seinen Füßen, über Vandalismus, über andere Denkmäler in seiner Umgebung, über den Grund seiner Errichtung, über seine eigene Geschichte, eventuelle Verlagerungen, Ergänzungen und Erweiterungen, Umbauten, Stürze, etc.?
- Wie sieht seine Gegenwart aus?

- Was hält es von seiner politischen Inanspruchnahme?
- Welche Erwartungen hat es erfüllt, welche enttäuscht?
- Welche Pläne und Hoffnungen hat es für die Zukunft?
- Wie bewertet es den politischen und sozialen Wandel?
- Rechnet es mit seinem (baldigen) Ende und Bedeutungsverlust oder hat es dies schon hinter sich und steht trotzdem noch an Ort und Stelle?
- Was hält es von Touristen und Tauben?
- Nimmt es noch Einfluss auf die Menschen und, wenn ja, wie?

All diese Fragen sind Impulse, die zur Reflexion über das Denkmal aus einer anderen Perspektive anregen sollen – nämlich aus Sicht des Denkmals selbst. Kreativität und Phantasie sind hier keine Grenzen gesetzt, die Lernenden können ihren Ideen und Gedanken freien Lauf lassen, von tiefgründigen Analysen bis eher oberflächlichen Assoziationen ist alles möglich. Je nach Lerngruppe kann es daher passend sein, den Denk- und Schreibprozess mit übergeordneten Aspekten oder Leitfragen entsprechend vorzustrukturieren.

Diese Methode muss nicht auf die Textproduktion beschränkt bleiben; der Text kann ebenso vertont und in Form eines Features aufbereitet oder in einen Audioguide integriert werden.

4.23 Ein Objekt unter Denkmalschutz stellen lassen

Wenn hier bislang von Denkmälern die Rede war, so waren damit immer Objekte gemeint, die ganz bewusst mit der Absicht geschaffen wurden, dauerhaft an Personen oder Ereignisse zu erinnern. Der Denkmalschutz dagegen hat einen weiten Denkmalsbegriff, der Baudenkmäler (z.B. Burgen, Kirchen, Schlösser, Brücken), mobile Denkmäler (z.B. Dampflokomotiven, Segelschiffe), Gartendenkmäler (z.B. Gartenanlagen, Parks), Bodendenkmäler (z.B. römische Siedlungsspuren) sowie Denkmal-Ensembles (z.B. ganze Dörfer oder Stadtviertel) umfasst. Objekte aus allen genannten Kategorien sind also denkmalswürdig, wenn sie von Menschen in der Vergangenheit geschaffen worden sind, deren

Mentalität, Lebens- und Arbeitsweise dokumentieren sowie Einblicke in politische, soziale, kulturelle und wirtschaftliche Entwicklungen in der Vergangenheit ermöglichen.

Mögliche Denkmäler recherchieren

Mithilfe dieser weiten Definition können die Schülerinnen und Schüler bislang ignorierte Objekte entdecken und sie auf ihren Denkmalwert hin befragen und untersuchen. Die so entstandene Liste potentieller Denkmäler kann daraufhin mit den Kriterien des Denkmalschutzgesetzes des jeweiligen Bundeslandes abgeglichen werden (Kriterien für die Klassifizierung als Denkmal sind z.B. die künstlerische Qualität, die politische, soziale, technische, historische, ethnologische oder städtebauliche Bedeutung), um die vielversprechendsten Kandidaten herauszufiltern. Zu diesen Favoriten können die Lernenden dann weiterführende Informationen recherchieren und dokumentieren. Dann kann Kontakt zu den unteren Denkmalschutzbehörden aufgenommen werden. Bei ihnen kann die Klassifizierung als Denkmal und die Eintragung in die lokale Denkmalliste beantragt werden. Die Entscheidung über eine Einordnung als Denkmal und Aufnahme in die Liste ist von der sorgfältigen Dokumentation abhängig. Sie muss sowohl den Befund darlegen als auch die besonderen Merkmale und Charakteristika des Objekts plausibel anführen und begründen, die eine solche Einordnung rechtfertigen.

Anhand dieser Methoden gewinnen die Lernenden einen ersten Zugang zum Denkmalschutz und dessen komplexen Aufgaben. Sie setzen sich dabei mit den Kriterien der Unterschutzstellung, Methoden der Recherche und Befunderfassung sowie der Dokumentation und Präsentation auseinander.

4.24 Ein bedrohtes Denkmal retten bzw. ein vergessenes Denkmal wiederbeleben

Aufmerksamkeit für ein unbeachtetes Denkmal erzeugen

Ein Denkmal kann im Laufe der Zeit auch „vergessen" worden sein und seine Bedeutung eingebüßt haben, sodass seine Existenz bedroht ist, indem mit der Nicht-Beachtung auch Schäden an seiner Substanz einhergehen, die nicht repariert werden. Zwar ist Denkmalschutz hauptsächlich eine staatliche Aufgabe, doch auch Schülerinnen und Schüler können durch ihre Recherchen öffentliche Aufmerksamkeit für ein solches Monument erzeugen und auf diese Weise ein bedrohtes Denkmal retten, indem sie sich für seinen Erhalt einsetzen.

Nach der Recherche eines entsprechenden Objekts sollten zunächst Vorschläge zur Restaurierung unterbreitet sowie Gutachten und Kostenvoranschläge von Handwerkern und Restauratoren eingeholt werden, um auf dieser Grundlage einen Arbeits- und Kostenplan zu erstellen. In der darauffolgenden Kampagne kann die Öffentlichkeit für diese Problematik sensibilisiert werden. Mit Zeitungsartikeln, Plakaten, Informationsbroschüren und Spendenaufrufen kann im Idealfall zivilgesellschaftliches Engagement geweckt und das Denkmal vor dem endgültigen Verfall bewahrt werden.

Eine mögliche Aufgabenstellung könnte folgendermaßen lauten (Deutsche Stiftung Denkmalschutz 2010, E8):

„Auch in eurer Nähe verwittert Geschichtsträchtiges unbesehen, sind alte Scheunen, Mühlen, Türme vom Verfall bedroht oder fehlt das Geld für die Sanierung und Pflege eines Denkmals. Nehmt euch eines solchen vergessenen oder bedrohten Denkmals an, spürt Zeugnisse der Vergangenheit auf, die besonders eindrücklich von Alltags-, Sozial-, Regional- oder Kulturgeschichte berichten, und setzt euch für ihre Rettung, Bewahrung, Pflege und Bekanntmachung ein."

4.25 Ein Rollenspiel zum Schutz eines Denkmals durchführen

Interessenskonflikte beim Denkmalschutz wahrnehmen

Beim Denkmalschutz treffen oft sehr unterschiedliche Interessen aufeinander: ökonomische, finanzielle, politische, konservatorische, identifikatorische, um nur einige von ihnen zu nennen. Die Lernenden versetzen sich in die beteiligten Personen hinein und vertreten in einem Rollenspiel die jeweiligen Positionen. Folgender fiktiver Fall kann dabei als Aufgabe dienen (Deutsche Stiftung Denkmalschutz 2010, A4):

„In einer Ortschaft, die unter Arbeitslosigkeit leidet, möchte ein Investor ein Gebäude aus dem 16. Jahrhundert in ein Schnellrestaurant umwandeln. Das Gebäude steht in einem Stadtviertel, in dem mehrere Gebäude aus dieser Epoche erhalten blieben. Der Stadt fehlt das Geld, um die Bauten zu sanieren. Der Investor plant einen weitgehenden Umbau: Die straßenseitigen Erdgeschosswände sollen aufgebrochen, durch Glasscheiben und -türen ersetzt werden. Über dieser Glaswand soll eine große, buntfarbige Lichtreklame angebracht werden. Im Innern will man alle Mauern und Treppen herausreißen. Gegen dieses Vorhaben wendet sich eine Bürgerinitiative, es kommt zu einer öffentlichen Diskussionsrunde. Es treten auf:

1. Interessenvertreter des Gebäudeeigners
2. Vertreter der Bürgerinitiative
3. Vertreter der Stadt
4. Vertreter des Denkmalschutzamtes
5. Vertreter einer Arbeitsloseninitiative
6. Moderator der Diskussion"

Die Lernenden argumentieren aus der ihnen zugewiesenen Perspektive, gewinnen so Einsicht in die widerstreitenden Interessen und versuchen, einen Kompromiss zu vereinbaren, der im Idealfall möglichst viel der historischen Substanz bewahrt.

4.26 Ein Denkmal adoptieren

Eine Denkmalspatenschaft übernehmen

Schülerinnen und Schüler können Verantwortung für ein Denkmal übernehmen, indem sie es „adoptieren" bzw. eine Patenschaft übernehmen. Die Lernenden kümmern sich dabei nicht nur um das Denkmal, indem sie es pflegen, sondern erforschen und präsentieren es auch, ggf. entstehen sogar langjährige Kooperationen, die mehrere Schülergenerationen umfassen.

So gibt es in Sachsen seit 1995 das Programm „PEGASUS – Schulen adoptieren Denkmale". Schülerinnen und Schüler setzen sich dabei mit Denkmälern auseinander und werden so an Denkmalschutz und Kulturerbe herangeführt. Die Ergebnisse der Projekte werden alle zwei Jahre im Herbst auf der *denkmal*, der Leipziger Messe für Denkmalschutz und Stadterneuerung, präsentiert und prämiert.

Die Idee der Aktion und Patenschaft von Denkmälern inklusive eines eigenen Programms zur Förderung der Beschäftigung mit Denkmälern sollte allerdings nicht auf Sachsen beschränkt bleiben, sondern auch in anderen Bundesländern adoptiert und adaptiert werden.

Sächsisches Staatsministerium für Kultus
Referat 41
Postfach 10 09 10
01079 Dresden
Tel.: 0351-56469114
https://www.schule.sachsen.de/pegasus/

4.27 An einem Wettbewerb teilnehmen

Mit Denkmälern gewinnen

Umfangreiche Untersuchungen zu Denkmälern können auch im Rahmen von Wettbewerben erbracht und dort als Beitrag eingereicht werden. Folgende Wettbewerbe finden regelmäßig statt: der von der Körber-Stiftung durchgeführte Geschichtswettbewerb des Bundespräsidenten, der History Award des deutschsprachigen Pay-TV-Senders History und „denkmal aktiv – Kulturerbe macht Schule“ der Deutschen Stiftung Denkmalschutz. Dort kann man sich – je nach thematischer Ausrichtung der aktuellen Ausschreibung – beteiligen bzw. für die Teilnahme bewerben. In der Sekundarstufe II können solche umfangreichen schriftlichen Ausarbeitungen, wie sie für Wettbewerbe erstellt werden, im Übrigen auch in Form einer sogenannten Besonderen Lernleistung bei der Abiturprüfung berücksichtigt werden. Die Bestimmungen und Regelungen der einzelnen Bundesländer dazu sind jedoch unterschiedlich.

4.28 Einen Projekttag organisieren und ein Denkmal präsentieren

Ein Denkmal der Öffentlichkeit präsentieren

Die Ergebnisse der Recherche zu einem Denkmal können neben den bereits genannten Formaten auch an einem Projekttag präsentiert werden. Dies kann z.B. am „Tag des offenen Denkmals“ geschehen, der immer am zweiten Sonntag im September stattfindet. Das Monument kann durch Besichtigungen, Vorträge, Führungen etc. der Öffentlichkeit vorgestellt werden.

Dieser Tag wird in Deutschland seit 1993 von der Deutschen Stiftung Denkmalschutz organisiert und koordiniert.

Der Kerngedanke dieses Tages besteht darin, normalerweise unbeachtete oder unzugängliche Denkmäler der Öffentlichkeit zu zeigen und sie mit besonderen Aktionen erleb- und erfahrbar zu machen. Pro Jahr werden mehrere Tausend Denkmäler präsentiert; mehrere Millionen Menschen informieren sich an diesem Tag über Monumente in ihrer Umgebung.

Insofern stellt dieser Tag eine sehr gute Gelegenheit dar, um die Ergebnisse schulischer Projektarbeit einem breiten Publikum zu präsentieren. Die Planung eines solchen Projekttages umfasst die folgenden Aspekte: Werbung, Aktionen und Koordination. Für die Organisation der einzelnen Bereiche stellen sich die folgenden Fragen:

Leitfaden

Werbung

- Wie wird die Bevölkerung auf den Tag aufmerksam gemacht und für ein bestimmtes Denkmal interessiert?
- Welche Werbemittel (z.B. Zeitungsartikel, Anzeige, Plakat, Flyer) werden eingesetzt?
- Wer kommt als Sponsor zur Finanzierung von Werbemitteln und Aktionen in Frage?
- Wie wird die Öffentlichkeitsarbeit nach dem Ereignis fortgesetzt?
- In welcher Form wird ein Resümee gezogen und wie wird es kommuniziert?

Aktionen

- Welche Aktionen sind attraktiv für Besucher?
- Welche Aktionen können mit den vorhandenen Mitteln angeboten werden (z.B. Vortrag, Führung, Präsentation, Diashow, Ausstellung, Theaterstück)?

Koordination

- Wie sieht der Zeitplan aus und wer erstellt ihn?
- Wer ist innerhalb des Projekts wofür verantwortlich?
- Welche Arbeitsgruppen werden gebildet?
- Wer kontaktiert und koordiniert andere Beteiligte (z.B. Denkmalbehörden, Eigentümer, Anwohner, Vereine, Presse etc.)?

- Wie sieht der Ablaufplan für den Projekttag aus?
- In welcher Reihenfolge und zu welcher Uhrzeit finden die einzelnen Aktionen statt?
- Was wird dafür benötigt?
- Wer ist wofür zuständig (z.B. Auf- und Abbau des Informationsstandes, Endreinigung, Flyer verteilen, Wege ausschildern etc.)?
- Welche Alternative für Freiluftangebote gibt es, falls das Wetter schlecht ist?

Die hier aufgezeigten Arbeitsschritte verdeutlichen die Komplexität einer solchen Präsentationsmethode. Zugleich sind die Lernenden meistens aber überaus motiviert, „ihr" Denkmal und die von ihnen erforschten Ergebnisse einer breiten Öffentlichkeit vorzustellen. Sie engagieren sich dabei oftmals weit über das normale Maß hinaus und übernehmen die hier geschilderten Aufgaben der Projektplanung weitgehend selbst. Die Lehrkraft fungiert größtenteils als Ansprechpartner und Berater, weist auf eventuelle Schwierigkeiten hin, unterstützt bei der Umsetzung von Ideen, warnt vor allzu ambitionierten Aktionen, gibt Tipps und vermittelt ggf. Kontakte zu weiteren Ansprechpartnern.

Ein Informationspaket zur Durchführung des Tages des offenen Denkmals (mit Anmeldebogen, Plakaten und Tipps für potentielle Veranstalter) kann kostenlos bei der Deutschen Stiftung Denkmalschutz angefordert/bestellt werden:

Deutsche Stiftung Denkmalschutz
Referat Tag des offenen Denkmals
Koblenzer Str. 75
53177 Bonn
Tel.: 0228-957380
Fax: 0228-9573823
E-Mail: toffd@denkmalschutz.de
www.denkmalschutz.de

4.29 Die Geschichte des Denkmalschutzes recherchieren und präsentieren

Denkmalschutz historisch erforschen

Die Diskussion über den Umgang mit Denkmälern verdeutlicht zugleich auch, dass in der Vergangenheit des Öfteren die Option der Vernichtung und Zerstörung obsoleter Monumente die Oberhand über die Erhaltung und ggf. Kommentierung oder Umgestaltung der Denkmäler gewonnen hat. Dies führt zur Frage, seit wann ein solcher Mentalitätswandel existiert und seit wann es überhaupt Denkmalschutz gibt. Auch die Geschichte des Denkmalschutzes kann also aufgearbeitet werden. Es kann eine Phasierung erfolgen, seit wann Objekte aus der Vergangenheit als bewahrenswert gelten und unter welchen Umständen es (erneut) zu Denkmalstürzen kam. Denn Denkmalschutz ist immer ein zeitgebundener Teil der Gesellschaft. Sie fällt, sei es als Bauherr und Eigentürmer, sei es als Abgeordneter im Parlament oder als Beamter im Bauamt, die Beschlüsse zur Erhaltung oder Abriss aus der jeweiligen zeitgenössischen Perspektive. So sind wir heute zum Teil entsetzt über zahlreiche städtebauliche und denkmalpflegerische Entscheidungen beim Wiederaufbau nach dem Zweiten Weltkrieg, wohingegen die damaligen Zeitgenossen des Abriss des Alten als Zeichen für den Aufbruch in eine neue Zeit begrüßten. Denkmalspezifische Entscheidungen werden zwar nicht nach Popularität und Opportunität getroffen, sondern nach fachlichen Kriterien. Sie (und die damit verbundenen Kosten) werden aber nur akzeptiert, wenn über ihre grundlegenden Prinzipien ein gesellschaftlicher Konsens besteht.

Dieses Spannungsfeld der Historizität, Perspektivität und den Wandel im Umgang mit Denkmälern geschichtskulturell auszuloten bereichert den Unterricht enorm. Ausgangspunkt für derartige Untersuchungen kann eine Kontroverse über den Wert eines Denkmals in der Gegenwart oder der Vergangenheit sein, die induktiv zu allgemeineren Reflexionen führt.

5. Fazit: Denkmäler und ihre Thematisierung im Geschichtsunterricht

Wie der vorliegende Band gezeigt hat, müssen Denkmäler Musils Dictum zum Trotz nicht zu einem Schicksal in Unsichtbarkeit verdammt sein. Im Gegenteil, sie können und sollen vielmehr sichtbar gemacht und zum Sprechen gebracht werden. Zu diesem Zweck wurden hier viele Unterrichtsideen präsentiert und methodische Vorschläge unterbreitet, die im Geschichtsunterricht eingesetzt werden können. Viele Geschichtslehrkräfte zweifeln nun sicherlich an der unterrichtlichen Umsetzung im Nebenfach Geschichte, dessen Zeitbudget in der Stundentafel knapp ist – von organisatorischen Zumutungen wie epochalem Unterricht und anderem ganz zu schweigen.

Denkmäler als Elemente der Geschichtskultur ...

Gleichwohl soll hier abschließend noch ein kurzes Plädoyer für die Berücksichtigung von Denkmälern im Geschichtsunterricht gehalten werden. An ihnen als geschichtskulturelle Quellen für vergangene und gegenwärtige Gesellschaften lassen sich zahlreiche Phänomene der Politik-, Sozial-, Kultur- und Mentalitätsgeschichte untersuchen (vgl. Schmid 2009, 52). Sowohl die Real- als auch die Rezeptionsgeschichte ist dabei stets im Blick. Denkmäler können als Elemente der Geschichtskultur im Alltag und Ausdruck von Geschichtsbewusstsein wahrgenommen werden; dies fördert die geschichtskulturelle Kompetenz ebenso wie das historische Denken.

Denn Denkmäler sind Teil unserer Kultur und Geschichte. Sie prägen unseren Lebensraum und sind ein fester Bestandteil des Alltags. Sie geben Auskunft über das Leben vorangegangener Generationen. Obwohl wir uns ihre Bedeutung nur selten bewusst machen, sind sie doch wichtige Bezugspunkte für unsere Identität. Denkmäler werden daher auch zukünftig von (geschichtskultureller) Bedeutung sein, denn Gemeinschaften benötigen ein Zusammengehörigkeitsgefühl, eine symbolisch vermittelte kollektive Identität. Denkmäler als Kristallisationspunkte kollektiver Erinnerung sind ein zentraler Bestandteil des kollektiven Gedächtnisses und machen ein solches Identitätsangebot, indem sie als Medien fungieren und Erinnerungen an die Vergangenheit eine feste Form geben sowie diese in den Alltag integrieren, indem dort regelmäßig rituelle Handlungen stattfinden. Sie sind somit nützlich für das kollektive Gedächtnis. Ein solches Identitätsangebot bzw. ein Denkmal oder gar eine Denkmalslandschaft kann angenommen, zurückgewiesen oder diskutiert und modifiziert werden. Denn die Inhalte des kollektiven Gedächtnisses sind dynamisch und unterliegen dem Wandel. Der historische Kontext bestimmt, woran erinnert wird und woran nicht (mehr). Gerade in ihrer Kontingenz und ihrer Wandlungsfähigkeit liegt schließlich der Reiz von Geschichte und Geschichtskultur.

... Medien des kollektiven Gedächtnisses ...

Die Herausforderungen, aber vor allem auch die Chancen, Denkmäler als Quellen im Geschichtsunterricht anhand der hier präsentierten Methoden zu thematisieren, sind hoffentlich deutlich geworden. Insofern ist abschließend Gerhard Schneider zuzustimmen, der alle Lehrkräfte dazu ermuntert, „sooft wie nur möglich derartige Unterrichtsverfahren durchzuführen“ (Schneider 2011, 562).

... und Chance für den Geschichtsunterricht

6. Literatur

Alings, Reinhard (1996): Monument und Nation. Das Bild vom Nationalstaat im Medium Denkmal – Zum Verhältnis von Nation und Staat im deutschen Kaiserreich 1871–1918. Berlin.

Apelt, Andreas H. (Hg.) 2009: Der Weg zum Denkmal für Freiheit und Einheit. Schwalbach/Ts.

Bemmann, Klaus (2007): Deutsche Nationaldenkmäler und Symbole im Wandel der Zeiten. Göttingen.

Bloch, Peter (1977): Vom Ende des Denkmals. In: Piel, Friedrich/Traeger, Jörg (Hg.): Festschrift Wolfgang Braunfels. Tübingen, S. 25-30.

Bode, Matthias (2008): Zwischen Trauer, Heldengedenken und Opfermythen. Kriegerdenkmäler als Orte zwiespältigen Erinnerns. In: Geschichte lernen, Heft 121, S. 18-21.

Boockmann, Hartmut (1981): Denkmäler und ihre Bedeutung für das Geschichtsbewußtsein. In: Hauser, Oswald (Hg.): Geschichte und Geschichtsbewußtsein. Göttingen, S. 231-245.

Brandt, Bettina (2004): Von der Kundgebungsmacht zum Denkanstoß. Das Denkmal als Medium politischer Kommunikation in der Moderne. In: Frevert, Ute/Braungart, Wolfgang (Hg.): Sprachen des Politischen. Medien und Medialität in der Geschichte. Göttingen, S. 168-216.

Bundesamt für Bauwesen und Raumordnung (Hg.) 2009: Gestaltungswettbewerb für ein Freiheits- und Einheitsdenkmal in Berlin. Dokumentation des offenen Wettbewerbs 2009. Berlin.

Bundesamt für Bauwesen und Raumordnung (Hg.) 2011: Freiheits- und Einheitsdenkmal in Berlin. Ergebnisse des Wettbewerbs 2010. Berlin.

Demantowsky, Marko (2009): Das geplante neue Berliner Nationaldenkmal für „Freiheit und Einheit". Ansprüche, Geschichte und ein gut gemeinter Vorschlag. In: Deutschland Archiv 42 (2009), Heft 5, S. 879-887.

Deutsche Stiftung Denkmalschutz (Hg.) [3]2010: denkmal aktiv – Kulturerbe macht Schule. Arbeitsblätter für den Unterricht. Bonn.

Deutsche Stiftung Denkmalschutz (Hg.) 2018a: Was habe ich damit zu tun? Bildung für nachhaltige Entwicklung an Schulen durch Lernen am Denkmal. Bonn.

Deutsche Stiftung Denkmalschutz (Hg.) 2018b: Lernen am Denkmal. Eine Arbeitsblätter-Sammlung für die Sekundarstufe I und II. Bonn.

Dräger, Marco (2013a): Denkmäler für Deserteure? Exemplarische Pro- und Contra-Diskussion im Unterricht. In: Geschichte lernen, Heft 151, S. 22-27.

Dräger, Marco (2013b): „Land ohne Erinnerung" oder Kampf der Erinnerungen? Das Ehrenmal des Infanterie-Regiments Nr. 82 und sein Sturz. In: Geschichtsverein für Göttingen und Umgebung e.V. (Hg.): Göttinger Jahrbuch 60 (2012). Göttingen, S. 295-325.

Dräger, Marco (2014): Generation(en) und Geschichte(n) - Generationelle Auseinandersetzungen in der Geschichtskultur am Beispiel der Etablierung von Deserteur-Denkmälern. In: Sauer, Michael u.a. (Hg.): Geschichtslernen in biographischer Perspektive. Nachhaltigkeit - Entwicklung – Generationendifferenz. Göttingen, S. 87–99.

Dräger, Marco (2017a): Deserteur-Denkmäler in der Geschichtskultur der Bundesrepublik Deutschland. Frankfurt/M.

Dräger, Marco (2017b): Denkmäler für Deserteure. Ein Überblick über ihren Einzug in die Erinnerungskultur. Wiesbaden.

Dräger, Marco (2018a): Monuments for Deserters!? The Changing Face of Wehrmacht Deserters in Germany and their Gradual Entry into Germany's Memory Culture. In: Grinchenko, Gelinada/Narvselius, Eleonora (Hg.): Formulas of Betrayal. Traitors, Collaborators and Deserters in Contemporary European Politics of Memory. Basingstoke, S. 31–57.

Dräger, Marco (2018b): Krieg, Gesellschaft, Gedächtnis – Göttinger Kriegerdenkmäler als materialisierte Erinnerung an Kriege im Wandel der Zeiten. In: Geschichtsverein für Göttingen und Umgebung e.V. (Hg.): Göttinger Jahrbuch 65 (2017). Göttingen, S. 173–206.

Dräger, Marco (in Vorbereitung): Geschichte mit Denkmälern unterrichten. Frankfurt/M.

Endlich, Stefanie (2003): Krieg und Denkmal im 20. Jahrhundert. In: Hübener, Dieter u.a. (Hg.): Kriegerdenkmale in Brandenburg. Von den Befreiungskriegen 1813/15 bis in die Gegenwart. Berlin, S. 13–48.

Erdmann, Elisabeth (1997): Denkmäler: Orte des Erinnerns, des Gedenkens, des Vergessens?. In: Raisch, Herbert/Reese, Armin (Hg.): Historia didactica. Geschichtsdidaktik heute. Uwe Uffelmann zum 60. Geburtstag. Idstein, S. 41–51.

Freie und Hansestadt Hamburg, Kulturbehörde, Amt Kultur (Hg.) 2013: Gedenkort für Deserteure und andere Opfer der NS-Militärjustiz. Nichtoffener Gestaltungswettbewerb. Auslobung. Hamburg.

Freie und Hansestadt Hamburg, Kulturbehörde, Amt Kultur (Hg.) 2014: Gedenkort für Deserteure und andere Opfer der NS-Militärjustiz. Dokumentation des Gestaltungswettbewerbs. Hamburg.

Greßhake, Florian (2010): Damnatio memoriae. Ein Theorieentwurf zum Denkmalsturz. München.

Hardtwig, Wolfgang ([5]1997): Denkmal. In: Bergmann, Klaus u.a. (Hg.): Handbuch der Geschichtsdidaktik. Seelze, S. 747–752.

Hardtwig, Wolfgang (2011a): Das Denkmal der Moderne. In: ders.: Politische Kultur der Moderne. Ausgewählte Aufsätze. Göttingen, S. 17–27.

Hardtwig, Wolfgang (2011b): Der bezweifelte Patriotismus - nationales Bewusstsein und Denkmal 1786 bis 1933. In: ders.: Politische Kultur der Moderne. Ausgewählte Aufsätze. Göttingen, S. 29–45.

Hausmann, Brigitte (1997): Duell mit der Verdrängung? Denkmäler für die Opfer des Nationalsozialismus in der Bundesrepublik Deutschland 1980 bis 1990. Münster.

Heimrod, Ute u.a. (Hg.) 1999: Die Debatte um das „Denkmal für die ermordeten Juden Europas". Der Denkmalstreit - das Denkmal? Eine Dokumentation. Berlin.

Kähler, Gert (2006): Gebaute Geschichte. Ein Geschichtsbuch über Bauen und Denkmalschutz. Leipzig.

Klein, Marion (2012): Schülerinnen und Schüler am Denkmal für die ermordeten Juden Europas. Eine empirisch-rekonstruktive Studie. Wiesbaden.

Kluxen, Wolfgang (1989): Denkmäler setzen - Identität stiften. In: Mai, Ekkehard/Schmirber, Gisela (Hg.): Denkmal – Zeichen – Monument. Skulptur und öffentlicher Raum heute. München, S. 30-32.

KMK (1977): Empfehlung zur Behandlung von Fragen des Denkmalschutzes im Unterricht. Beschluss der Kultusministerkonferenz vom 10.3.1977. Bonn.

KMK (1993): Situation der Behandlung von Fragen des Denkmalschutzes im Schulunterricht. Bericht der Kultusministerkonferenz vom 2.7.1993. Bonn.

KMK (2002): Zukunftsfähigkeit von Denkmalschutz und Denkmalpflege. Beschluss der Kultusministerkonferenz vom 1.2.2002. Bonn.

Koselleck, Reinhart (1979): Kriegerdenkmale als Identitätsstiftungen der Überlebenden. In: Marquard, Odo/Stierle, Karlheinz (Hg.): Identität. München, S. 255-276.

Koselleck, Reinhart/Jeismann, Michael (Hg.) 1994: Der politische Totenkult. Kriegerdenkmäler in der Moderne. München.

Koselleck, Reinhart (2002): Die Transformation der politischen Totenmale im 20. Jahrhundert, In: Transit. Europäische Revue 22 (2002), S. 59-86.

Ladendorf, Heinz (^{2}1964): Denkmäler und Mahnmale seit 1945. In: Monumenta Judaica. 2000 Jahre Geschichte und Kultur der Juden am Rhein. Handbuch. Köln, S. 656-667.

Lurz, Meinhold (1985-1987): Kriegerdenkmäler in Deutschland, 6 Bde. Heidelberg.

Lux-Althoff, Stefanie (Hg.) 2001: 125 Jahre Hermannsdenkmal. Nationaldenkmale im historischen und politischen Kontext. Lemgo.

Mai, Ekkehard/Schmirber, Gisela (1989): Mo(nu)ment mal: Denkmal?. In: dies. (Hg.): Denkmal - Zeichen - Monument. Skulptur und öffentlicher Raum heute. München, S. 7-12.

Mattenklott, Gert (1993): Denkmal/Memorial. In: Daidalos 49 (1993), S. 26-35.

Mittig, Hans-Ernst (1987a): Das Denkmal. In: Busch, Werner/Schmoock, Peter (Hg.): Kunst. Die Geschichte ihrer Funktionen. Weinheim, S. 457-489.

Mittig, Hans-Ernst (1987b): Das Denkmal. In: Busch, Werner (Hg.): Funkkolleg Kunst. Eine Geschichte der Kunst im Wandel ihrer Funktionen, Bd. 2. München, S. 532-558.

Mittig, Hans-Ernst (2005): Gegen das Holocaustdenkmal der Berliner Republik. Berlin.

Mittig, Hans-Ernst (2009): Bevor ein neues Einheitsdenkmal steht: darunter schauen und darüber sprechen. In: Zeithistorische Forschungen 6 (2009), S. 140-148.

Musil, Robert (1978): Denkmale. In: Frisé, Adolf (Hg.): Robert Musil. Gesammelte Werke, Bd. 2: Prosa und Stücke, Kleine Prosa, Aphorismen, Autobiographisches, Essays und Reden, Kritik. Reinbek, S. 506-509.

Neue Gesellschaft für Bildende Kunst (Hg.) 1995: Der Wettbewerb für das „Denkmal für die ermordeten Juden Europas". Eine Streitschrift. Berlin.

Nipperdey, Thomas (1968): Nationalidee und Nationaldenkmal in Deutschland im 19. Jahrhundert. In: Historische Zeitschrift 206 (1968), Heft 3, S. 529-585.

Rothe, Christian (2001): „Ich hatt' einen Kameraden ...". Kriegerdenkmäler als Quelle für den Geschichtsunterricht. In: Praxis Geschichte, Heft 4, S. 51-53.

Sabrow, Martin (2012): Held und Opfer. Zum Subjektwandel deutscher Vergangenheitsverständigung im 20. Jahrhundert. In: Jureit, Ulrike/ Schneider, Christian/Frölich, Margrit (Hg.): Das Unbehagen an der Erinnerung. Wandlungsprozesse im Gedenken an den Holocaust. Frankfurt/M., S. 37–54.

Saehrendt, Christian (2002): Der Stellungskrieg der Denkmäler. Kriegerdenkmäler im Berlin der Zwischenkriegszeit (1919-1939). Bonn.

Saehrendt, Christian (2007): Bewegendes Erlebnis oder lästiger Pflichttermin? Wie erleben Schülerinnen und Schüler den Besuch des Denkmals für die ermordeten Juden Europas in Berlin?. In: Geschichte in Wissenschaft und Unterricht 58 (2007), Heft 12, S. 744-757.

Sauer, Michael (2012): Denkmäler im Geschichtsunterricht. In: ders. (Hg.): Denkmäler in Göttingen. Handreichungen für den Geschichtsunterricht. Göttingen, S. 6-9.

Scharf, Helmut (1984): Kleine Kunstgeschichte des deutschen Denkmals. Darmstadt.

Schlie, Ulrich (2002): Die Nation erinnert sich. Die Denkmäler der Deutschen. München.

Schmid, Hans-Dieter (2003): Den zukünftigen Geschlechtern zur Nacheiferung. Denkmäler als Quellen der Geschichtskultur. In: Praxis Geschichte, Heft 6, S. 4-11.

Schmid, Hans-Dieter (2009): Denkmäler als Zeugnisse der Geschichtskultur. In: Horn, Sabine/Sauer, Michael (Hg.): Geschichte und Öffentlichkeit. Orte - Medien – Institutionen. Göttingen, S. 51-60.

Schneider, Gerhard (1989): Kriegerdenkmäler. In: Geschichte lernen, Heft 8, S. 52-58.

Schneider, Gerhard ([6]2011): Kriegerdenkmäler als Unterrichtsquellen - Didaktisch-methodische Bemerkungen zum Unterricht im 9. bis 13. Schuljahr. In: Pandel, Hans-Jürgen/ ders. (Hg.): Handbuch Medien im Geschichtsunterricht. Schwalbach/Ts., S. 557-610.

Schönemann, Bernd (2002): Geschichtskultur als Forschungskonzept der Geschichtsdidaktik. In: Zeitschrift für Geschichtsdidaktik 1, S. 78–86.

Scholz, Stephan (2015): Vertriebenendenkmäler. Topographie einer deutschen Erinnerungslandschaft. Paderborn.

Seele, Sieglinde (2005): Lexikon der Bismarck-Denkmäler. Türme, Standbilder, Büsten, Gedenksteine und andere Ehrungen. Eine Bestandsaufnahme in Wort und Bild. Petersberg.

Selbmann, Rolf (1988): Dichterdenkmäler in Deutschland. Literaturgeschichte in Erz und Stein, Stuttgart.

Speitkamp, Winfried (1997): Denkmalsturz und Symbolkonflikt in der modernen Geschichte. Eine Einleitung. In: ders. (Hg.): Denkmalsturz. Zur Konfliktgeschichte politischer Symbolik. Göttingen, S. 5–21.

Springer, Peter (1994): Denkmalsrhetorik. In: Ueding, Gert (Hg.): Historisches Wörterbuch der Rhetorik, Bd. 2. Darmstadt, S. 527–536.

Springer, Peter (2009a): Rhetorik der Standhaftigkeit. Monument und Sockel nach dem Ende des traditionellen Denkmals. In: ders.: Denkmal und Gegendenkmal. Bremen, S. 245–296.

Springer, Peter (2009b): Denkmal und Gegendenkmal. In: ders.: Denkmal und Gegendenkmal. Bremen, S. 297–314.

Springer, Peter (2009c): Countermonuments and Dialogical Contrast. In: ders.: Denkmal und Gegendenkmal. Bremen, S. 329–333.

Stadt Ravensburg (Hg.) 2012: Das Denkmal der Grauen Busse. Erinnerungskultur in Bewegung. Zwiefalten.

Stiftung Denkmal für die ermordeten Juden Europas (Hg.) 2005: Materialien zum Denkmal für die ermordeten Juden Europas. Berlin.

Tacke, Charlotte (1995): Denkmal im sozialen Raum. Nationale Symbole in Deutschland und Frankreich im 19. Jahrhundert. Göttingen.

Theisen, Andrea (Hg.) 2017: Enthüllt. Berlin und seine Denkmäler. Berlin.

Thron, Oliver (2012): Ein Denkmal den Opfern der Hamburger NS-Militärjustiz. Vorschläge zur (Um-)Gestaltung des Gedenkorts am Hamburger Dammtor. Hamburg.

Thron, Oliver (2013): Dokumentation: „Die Bürgerschaft nimmt die Aufgabe, die ihr auch von den Schülern gegeben worden ist, gerne an." SchülerInnen der Ida-Ehre-Schule begleiten Überlebende, Angehörige und das Hamburger Deserteur-Bündnis auf dem langen Weg zu einem Denkmal zur Erinnerung an die Opfer der Hamburger NS-Militärjustiz. Hamburg.

Thünemann, Holger (2005): Holocaust-Rezeption und Geschichtskultur. Zentrale Holocaust-Denkmäler in der Kontroverse. Ein deutsch-österreichischer Vergleich. Idstein.

Thünemann, Holger (2008): Denkmäler als Orte historischen Lernens im Geschichtsunterricht – Herausforderungen und Chancen. In: Handro, Saskia/Schönemann, Bernd (Hg.): Orte historischen Lernens. Münster, S. 197–208.

Thünemann, Holger (2011): Visualität als Chance. Denkmäler und historisches Lernen. In: Handro, Saskia/Schönemann, Bernd (Hg.): Visualität und Geschichte. Berlin, S. 89–108.

Thünemann, Holger (2013): Mehr Denkmäler - weniger Gedenken?. In: Public History Weekly 1 (2013) 8, DOI: dx.doi.org/10.1515/phw-2013-416; online verfügbar unter: https://public-history-weekly.degruyter.com/1-2013-8/denkmaeler-ohne-gedenken/(Zugriff: 16.10.2020).

Tittel, Lutz (1979): Das Niederwalddenkmal 1871–1883. Hildesheim.

Tomberger, Corinna (2007): Das Gegendenkmal. Avantgardekunst, Geschichtspolitik und Geschlecht in der bundesdeutschen Erinnerungskultur. Bielefeld.

Trier, Eduard (1985): Das Denkmal ist tot, es lebe das Denkmal! Vorstellung einiger Denkmale der 80er Jahre. In: Schuchard, Jutta/Claussen, Horst (Hg.): Vergänglichkeit und Denkmal. Beiträge zur Sepulkralkultur. Bonn, S. 165–168.

Twickler, Max (2016): Rückständigkeit im Provinziellen? Die Kriegerdenkmäler der Weimarer Jahre und die Kriegerdenkmalskultur der westfälischen Provinz unter geschichtskultureller Perspektive. In: Henke-Bockschatz, Gerhard (Hg.): Neue geschichtsdidaktische Forschungen. Göttingen, S. 103–122.

Von Reeken, Dietmar (2008): „Das Auffallendste ist nämlich, dass man sie nicht bemerkt“. Denkmäler als gegenständliche Quellen des Geschichtsunterrichts. In: Geschichte lernen, Heft 121, S. 2–11.

Weis, Marc/De Mattia, Martin (Hg.) 2020: Kein Freiheits- und Einheitsdenkmal. München.

Wijsenbeek, Dinah (2010): Denkmal und Gegendenkmal. Über den kritischen Umgang mit der Vergangenheit auf dem Gebiet der bildenden Kunst. München.

Würfel, Maria (2009): Denkmäler im Geschichtsunterricht. In: Geschichte für heute, Heft 1 (2009), S. 5–19.

Young, James E. (1999): Erinnerung, Gegenerinnerung und das Ende des Monuments. In: Heimrod, Ute u.a. (Hg.): Die Debatte um das „Denkmal für die ermordeten Juden Europas“. Der Denkmalstreit - das Denkmal? Eine Dokumentation. Berlin, S. 728–729.

Zeller, Joachim (2000): Kolonialdenkmäler und Geschichtsbewußtsein. Eine Untersuchung der kolonialdeutschen Erinnerungskultur. Frankfurt/M.

Zerwas, Marco (2015): Lernort „Deutsches Eck“. Zur Variabilität geschichtskultureller Deutungsmuster. Berlin.

Ziesemer, Nina (2019): Denkmalbestand im Wandel. Denkmale der DDR nach 1989. Baden-Baden.